Trucos para la Cocina y el Hogar

Consejos prácticos para simplificar las tareas y ahorrar tiempo, dinero y esfuerzo

Diana Baker

Copyright © 2016 Diana Baker

Copyright © 2016 Editorial Imagen.
Córdoba, Argentina

Editorialimagen.com
All rights reserved.

Todos los derechos reservados. Ninguna parte de este libro puede ser reproducida por cualquier medio (incluido electrónico, mecánico u otro, como ser fotocopia, grabación o cualquier sistema de almacenamiento o reproducción de información) sin el permiso escrito del autor, a excepción de porciones breves citadas con fines de revisión.

CATEGORÍA: Cocina y Hogar

Impreso en los Estados Unidos de América

ISBN-13:
ISBN-10:

CONTENIDO

SINÓNIMOS 1
INTRODUCCIÓN 3
PERCANCES EN LA COCINA 5
    Si te has excedido en la sal 5
PARA REDUCIR UNA RECETA..9
    Para reducir la receta a la mitad 9
    Para reducir la receta en 1/3 10
    Al disminuir las recetas, recuerda lo siguiente: 10
ACEITE 11
    Guía para freír en abundante aceite 12
AJO 15
ARROZ 17
    Cada tipo de arroz tiene su propio tiempo de cocción 18
    Para cocinar correctamente el arroz 18
    Métodos para limpiar la cacerola con arroz quemado 19
    Trucos con el arroz 19
BEBIDAS 21
CALDO 23
CARNES 25
    Tips para carne 25
    Carne molida 27
    Hígado 28
    Tocino 28

- Dorar 28
- Filete 29
- Guiso 29
- Carne al horno 31
- Marinar 31
- Duración de la carne congelada 32

CEBOLLA 35

EN LA COCINA 39
- Recetas 40
- Seguridad en la cocina 41
- Sustitutos para ingredientes no tradicionales 42

DESCONGELAR 43

ENSALADA 45

ESPECIAS 47

FRIJOLES Y LEGUMBRES 49

FRUTA 51
- Banana 52
- Frutilla 53
- Higo 53
- Limón 53
- Manzana 54
- Melón 54
- Membrillo 54
- Nuez 55
- Pera 55
- Uva 55

HIERBAS 57

HUEVOS 59

    Para batir las claras de huevo correctamente 61
    Huevos duros 62
    Para hervir huevos correctamente 63
    Guía para hervir huevos 63
    Sustituto para los huevos 64

LIMÓN 65

LIMPIEZA 67

    Limpiar con bicarbonato 69
    Limpiar con sal 70
    Limpiar con vinagre 70

MANCHAS Y CÓMO QUITARLAS 87

    Usar el vinagre para quitar las siguientes manchas: 88

MICROONDAS 91

MIEL 93

PAN 95

PAPAS 97

    Especias que hacen irresistibles las papas 99
    Otros trucos útiles con las papas 99

PASTA 101

    Para cocinar la pasta correctamente 102

PESCADO 103

PIZZA 107

POLLO 109

QUESO 111

REPOSTERÍA 113

    Para lograr hacer una buena masa 114

    Trucos de repostería 115
    Tintes y colorantes en la repostería 118

SAL 121

    Salar por demás 122

SALSAS Y ADEREZOS 125

SOPA 129

    Cómo espesar una sopa 130

VERDURAS 133

    Para conservar mejor: 138

VINO 141

Más Libros de Interés 145

SINÓNIMOS

Cada país de habla hispana tiene su propio léxico y los términos varían mucho. Por eso incluimos un pequeño listado de sinónimos.

- Aguacate – palta
- Anteojos – gafas
- Arvejas – guisantes
- Azúcar impalpable – azúcar glas
- Balde – cubo
- Banana – plátano
- Bicarbonato de sodio = bicarbonato sódico
- Coche – auto, carro
- Computadora – ordenador
- Crema - nata
- Filete – bife - bistec
- Frutilla – fresa
- Frijoles – porotos, habichuelas, legumbres
- Hornalla – quemador, fuegos

- Palta – aguacate
- Paño – bayeta
- Papas – papas
- Repasador – bayeta, paño
- Rotulador – marcador, plumón, fibra
- Torta – pastel, tarta
- Vidrios - cristales.

INTRODUCCIÓN

Vivimos en un mundo acelerado y nuestra vida está llena de actividades y más actividades. Siempre nos falta tiempo y queremos que, en lo posible, todo sea instantáneo, es decir, lo más rápido posible....porque ¡no tenemos tiempo!

Nos vienen bien unos sencillos trucos para agilizar el proceso de cocinar, limpiar, conservar, guardar etc.

Ofrecemos una diversidad de tips o trucos para lograr tu objetivo de una manera más fácil, más rápida, más barata y con menos esfuerzo, utilizando productos naturales que se encuentran en todo hogar.

Por lo tanto, vas a ganar tiempo, ahorrar dinero y reservarás fuerzas y energía para otras cosas más agradables que disfrutarás más.

También descubre cómo conservar alimentos cotidianos que te harán ahorrar dinero y disminuir la cantidad de comida que debes desechar, y así ayudar a tu bolsillo y al mismo tiempo al medio ambiente.

Es fácil encontrar lo que necesites ya que los rubros están en orden alfabético.

PERCANCES EN LA COCINA

Si te has excedido en la sal

Si has agregado demasiada sal a alguna receta,
añadir una cucharada de vinagre blanco destilado y azúcar para corregir el sabor.

Si el guiso te ha salido demasiado salado,
agregar algunos trozos de papa en cubitos y seguir cocinando. La papa absorberá la sal. Se puede quitar estos trozos de papas al finalizar la cocción.

Si has salado la carne por demás al hacer filetes,
agrega un trozo de mantequilla inmediatamente para absorber la sal, porque la mayor parte de la sal está en la periferia.

Si salas el pescado por demás,

servir con puré de papas sin sal o hervir algunas hierbas con el pescado para que absorban la sal.

Si salas las verduras por demás,
sólo puedes remediarlo de una manera: agregar la misma cantidad de verduras sin sal y luego juntar y hacer puré.

Si salas por demás los champiñones,
agregar un poco de agua con jugo de limón.

Si has salado la sopa por demás,
sólo hace falta agregar alguna pasta, arroz o papas.

Si la salsa, sopa o guiso tiene demasiado sabor a ajo,
coloca unas hojas de perejil y dejarlos unos minutos en la comida. El perejil absorbe el sabor a ajo. Luego retirar.

Si tu salsa de crema se ha cortado puedes salvarlo,
pasándolo por un colador fino.

Si la mayonesa se ha cortado,
batir una yema en otro bol. A esta agrega lentamente la mayonesa cortada, batiendo todo el tiempo.

Si la salsa de carne tiene demasiada grasa,
agregar una pizca de bicarbonato de soda.

Si el guiso, la sopa o la salsa te ha salido demasiado grasosa,
echar un cubito de hielo. El hielo atrae la grasa y entonces podrás sacar el exceso con más facilidad.

Para quitar el sabor amargo de una salsa de tomates,

agregar una cucharadita de azúcar. El azúcar también combate el acidez.

Si le has puesto demasiado azúcar a tu plato,
agregar un poco de sal o si es un plato salado, agregar un cucharadita de vinagre.

Si tu puré de papas es demasiado blando,
es más que probable que se debe al uso de leche fresca. Intenta usar leche en polvo.

Si la lechuga se ha puesto blanda en el refrigerador,
colocar en un bol de agua fría con algunas pocas gotas de limón. Dejar por alrededor de una hora, luego secar y servir.

Si se derrama alguna comida cuando cocinas en el horno,
echar sal encima. No habrá olor feo y será mucho más sencillo limpiar cuando se enfríe el horno.

Para quitar el sabor a quemado del arroz,
colocar un trozo de pan blanco arriba del arroz durante 5 a 10 minutos.

Para evitar el olor al cocinar el coliflor,
añadir al agua un cucharada de vinagre o una cucharada de harina disuelta en un poco de agua fría.

Para quitar el olor ahumado.
Si se quema lo que estás cocinando y el olor a humo ha penetrado la cocina, colocar la cacerola sobre sal y el olor desaparecerá.

Para eliminar el olor a quemado en el ambiente,

añadir un olor más agradable al quemar 3 cucharaditas de azúcar con 2 de canela. La fragancia dulce tapará el olor a quemado y parecerá que has estado horneando galletas dulces de canela.

Para eliminar el olor a quemado también puedes,
hervir una pequeña cantidad de agua con 1/4 taza de vinagre blanco destilado. El vapor circulará por la cocina eliminado el olor a quemado.

Si sueles confundir el azúcar con la sal,
evita una sorpresa desagradable y guarda cada alimento en un recipiente de color diferente.

PARA REDUCIR UNA RECETA

Si en la casa no conviven muchas personas entonces será probable que siempre necesitas reducir las recetas para adecuarlas a tu consumo. Los siguientes datos te serán muy útiles.

Para reducir la receta a la mitad

- 1/4 taza: 2 cucharadas
- 1/3 taza: 2 cucharadas + 2 cucharitas
- 1/2 taza: 1/4 taza
- 2/3 taza: 1/3 taza
- 3/4 taza: 6 cucharadas
- 1 taza: 1/2 taza
- 1 cucharada: 1 1/2 cucharitas
- 1 cucharita: 1/2 cucharita
- 1/2 cucharita: 1/4 cucharita
- 1/4 cucharita: 1/8 cucharita
- 1/8 cucharita: 1 pizca

Para reducir la receta en 1/3

- 1/4 taza: 1 cucharada + 1 cucharita
- 1/3 taza: 1 cucharada + 2 1/3 cucharitas
- 1/2 taza: 2 cucharadas + 2 cucharitas
- 2/3 taza: 3 cucharadas + 1 1/2 cucharitas
- 3/4 taza: 1/4 taza
- 1 taza: 1/3 taza
- 1 cucharada: 1 cucharita
- 1 cucharita : 1/4 cucharita
- 1/2 cucharita: 1/4 cucharita
- 1/4 cucharita: 1/8 cucharita
- 1/8 cucharita: 1 pizca

Al disminuir las recetas, recuerda lo siguiente:

- 1 taza = 16 cucharadas
- 1 cucharada = 3 cucharitas
- 1 taza = 240 ml
- 2 tazas = 1 litro
- 2 cucharadas = 30 ml.

ACEITE

Se recomienda utilizar un buen aceite al cocinar. Olerlo y probarlo: si no sabe bien por sí solo, no va a tener buen sabor en los alimentos.

En lo posible, invertir en una botella de aceite de oliva de buena calidad. Sólo una pequeña cantidad es suficiente para mejorar el sabor de tu pizza, pasta, pescado y carne.

Para saber si el aceite está suficientemente caliente para freír, meter un pincho o una cuchara de madera en el aceite. Si se forman burbujas alrededor de la madera, entonces está listo.

Si encuentras que necesitas más aceite al saltear los alimentos, añadirlo a lo largo de los bordes de la sartén para que el aceite agregado ya esté caliente para cuando alcance el alimento que estás cocinando.

Para economizar aceite a la hora de hacer carnes o pescados a la plancha, con un pincel pintar el aceite directamente sobre el filete de modo que sólo se utilice la cantidad exacta de aceite.

Si te has distraído y has dejado calentar el aceite demasiado tiempo, nunca quieras apagarlo echándole agua. Debes taparlo y esperar que se haya enfriado un poco antes de moverlo.

Un buen consejo:
No tratar de hacer muchas cosas a la vez.

Guía para freír en abundante aceite

- El aceite de oliva no es adecuado para freír.

- Para freír en abundante aceite se recomienda el uso de aceite vegetal como el aceite de girasol, aceite de maíz, aceite de canola y otros aceites sin grasas.

- Se recomienda el uso de grasa vegetal insaturado.

- Evitar aceites aromatizados, tales como tuerca o aceite de cacahuete.

- Se puede utilizar el aceite de semilla de uva.

- Nunca mezclar el aceite viejo con aceite nuevo en la freidora.

- No mezclar diferentes tipos de grasa - como el maíz y el aceite de girasol, ya que requieren diferentes tiempos para alcanzar la temperatura deseada.

- Para poder utilizar el aceite en la freidora durante más tiempo sumergir los alimentos estando seco.

- Una vez que el aceite es viejo - de haber sido utilizado entre siete y quince veces, dependiendo del filtro de la freidora - esperar a que se enfríe, verter en una botella y tirar a la basura. Evitar verter aceite de cocina por el fregadero, ya que puede bloquear los tubos.

- Eliminar el sabor graso de los alimentos fritos añadiendo un chorrito de vinagre blanco destilado a la freidora antes de cocinar.

AJO

Comprar siempre los ajos más frescos que encuentres. Cuanto más frescos, más dulces serán.

El mejor ajo tiene la piel similar a un tejido firme y no debe estar golpeado, ni germinado, ni suave ni arrugada.

Si encuentras algún diente que tiene brotes verdes, desecha los brotes ya que sólo dan un sabor amargo.

Para conservar el ajo,
guardar en un lugar fresco y oscuro.

Para pelar fácilmente los ajos,
sumergir los dientes de ajo en agua hirviendo durante unos dos minutos. Enfriar. Para pelar, sólo hace falta frotarlos entre el pulgar y los dedos. Resulta fácil así picarlos o hacer una crema.

Para evitar que el ajo se queme cuando vas a saltearlo,
cortarlo en tiras en lugar de picarlo - es menos probable que se queme de esa manera.

Para eliminar el olor a ajo de la boca,
mastica dos granos de café.

Para quitar el olor a ajo de las manos,
frotarlas vigorosamente sobre la mesada de acero inoxidable por 30 segundo antes de lavarlas.

Para evitar que la tabla de cortar tenga olor a la hora de picar los ajos,
colocar los dientes de ajo dentro de una bolsa de plástico y luego golpearlos violentamente, machacándolos con el mango de un cuchillo.

Pelar y picar más ajos de lo que necesitas,
y guárdalos en un recipiente con aceite en el refrigerador, de esa manera ya están listos para cuando te hagan falta.

Un buen consejo:
Prueba lo que cocinas antes de servir....puede que le falte algo de sal, pimienta o especias.

ARROZ

Según muchos chefs profesionales una de las cosas más difíciles de lograr es un arroz delicioso y que además tenga buen aspecto. He aquí algunos tips para lograrlo.

*Arroz grano largo, hasta 0.64 cms de largo. No se pegan a menos que se exceda en la cocción o se revuelva demasiado. Apto para hacer pilaf.

*Arroz grano mediano (0.47 a 0.64 cms). Queda separado durante la cocción pero luego se pega al enfriar. Usar para preparar risotto, paella y algunos postres.

*Arroz gano corto (0.32 a 0.47 cms) es bastante pegajoso y tiende a ser blando después de hervir porque contiene más almidón. Es apto para hacer sushi.

Cada tipo de arroz tiene su propio tiempo de cocción

*El arroz blanco tarda 15 minutos su cocción pero contiene menos vitaminas y minerales que el arroz integral. Cocinado al vapor está listo en poco más de 10 minutos y es también rico en nutrientes.

*El arroz pulido blanco tiene un alto índice glucémico, ya que es de fácil digestión. Se tarda 10 minutos para cocinar.

*El arroz integral es el más rico en nutrientes. Lleva unos 45 minutos su cocción. Si se hace al vapor tarda 25 minutos y mantiene gran parte de sus vitaminas y minerales.

Para cocinar correctamente el arroz

- Dejar en remojo durante 30 minutos para ablandar y hervir más rápido. Aunque esté en remojo menos tiempo aún guarda sus sustancias beneficiosas. Si no tienes tiempo para remojar entonces debes lavarlo antes de cocinar hasta que el agua esté limpia.

- Hervir el agua.

- Nunca agregar el arroz hasta que hierva el agua.

- El arroz no se pegará si agregas al agua de cocción unas gotas de aceite de oliva o 2 cucharaditas de jugo de limón.

- Cocinar siempre a fuego bajo para que se absorba mejor el agua. Poner a fuego alto durante los primeros 5 minutos luego bajar a mínimo y tapar por los 15 minutos siguientes.

- Apagar el fuego y dejar que siga la cocción durante otros 15 minutos.

Métodos para limpiar la cacerola con arroz quemado

- Dejar en remojo en agua caliente con detergente. A veces es necesario repetir este proceso.

- Agregar 3 cucharadas de bicarbonato de sodio al agua en la cacerola. Calentar el agua y dejar hervir unos tres minutos. Raspar lo quemado y lavar normalmente. Si no tienes bicarbonato de sodio, agregar detergente y hervir por cinco minutos.

- Agregar 2 cucharadas de vinagre blanco a dos tazas de agua. Dejar hervir a fuego bajo durante 10 minutos. Raspar el fondo y lavar normalmente.

- Dejar en remojo con sal durante una hora.

- Dejar en remojo en vinagre durante la noche.

Trucos con el arroz

Si cocinas arroz para acompañar un plato picante,

no le añadas sal para que haga contraste con el condimento picante.

Para quitar el sabor a quemado del arroz,
colocar un trozo de pan blanco arriba del arroz durante 5 a 10 minutos

Para conseguir que el arroz blanco quede suelto al cocinar,
añadir unas gotas de limón al agua de cocción o una cucharada de vinagre de manzana.

Para hacer una paella de arroz sabrosa con pocos ingredientes,
usar una pequeña cantidad de las setas shiitake. Dan mucho sabor.

Para que la paella quede ligera y el arroz no se pegue,
untar de aceite el recipiente cuando éste esté muy caliente.

Un buen consejo:
El sabor intenso del risotto – cuando se cocina bien - viene del arroz (que tiene mucho almidón) y del caldo. Al cocinar el risotto, revolver con una cuchara de madera con movimientos rítmicos que atraviesan el fondo de la cacerola y por los costados de la misma. El arroz debe estar burbujeante, absorbiendo el líquido de la cocción.

BEBIDAS

Las bebidas, como los alimentos, se benefician de ingredientes de calidad. Las hierbas frescas, la fruta, los chiles, la sal ahumada son todos ingredientes que resaltan sus sabores.

Si quieres decorar elegantemente algunas bebidas frías,
añadir cubitos de hielo de colores. Antes de congelar verter un poco de jarabe de color con el agua en la cubeta de hielo.

Para mejorar el sabor de un smoothie verde de alimentos nutritivos,
agregar una cucharada de vinagre de manzana.

Para darle otro sabor al zumo de tomates,
añadir una cucharada de vinagre de manzana.

Para mejorar el sabor de la sangría, preparar con mucho tiempo de anticipación. Con el paso del tiempo se pone mejor ya que los sabores se mezclan.

Para reforzar el perfume del sorbete, sea cual sea la fruta utilizada, es conveniente añadir una cucharada de limón. Es preferible utilizar azúcar glas (impalpable). Las frutas se endulzan en crudo, no cocidas.

Para enfriar rápidamente una bebida, rodear el vaso con una toalla de papel humedecida y colocar en el congelador por unos minutos.

CALDO

Para economizar al hacer un caldo,
elaborar el caldo con la parte de las verduras verdes que por lo general se descartan. Verás que sale mejor. Además con una pizca de bacalao seco mejora aún más el sabor.

Para no arruinar el sabor de un pollo recién cocinado,
no agregar especias al caldo de pollo, con una cebolla y zanahoria es suficiente.

Para darle un sabor suculento a los caldos de carne o verdura,
agregar algunas cortezas de queso.

Un buen consejo:
Siempre elabora una cantidad grande de caldo y luego congelar en bolsas de plástico. De esa manera cuando quieras hacer una rica sopa o hervir verduras, sólo tienes que sacar la bolsa del refrigerador.

CARNES

La calidad de la carne cocinada depende de la edad del animal. Cuánto más joven, más tierna será.

La mostaza enriquece el aroma de la carne grasa, la carne de salchicha, el pescado y salsas para ensaladas. Agregar al último.

Tips para carne

Para que la carne sea más jugosa y tierna,
cubrir con un film de cocina y darle unos golpes con una maza o con un rodillo de madera o maza, para que se rompan las primeras fibras.

Si crees que la carne que vas a cocinar te va a salir dura,
haz primero una mezcla de aceite y vinagre en parte iguales, untar la carne con ella y dejar reposar durante dos

horas. Este método también sale bien antes de hacer la barbacoa.

Para que la carne quede más tierna,
dejarlo marinar en una mezcla de yogur y leche.

Al preparar carne empanada,
para que lo empanado se fije y no se separe al freír, dejar reposar media hora una vez rebozada y antes de freír.

Para evitar que la carne quede sin sazonar en algunas partes,
o se sazone demasiado en otras, es importante sazonar parejo con sal y pimiento como si cayera 'nieve'.

Para evitar el exceso de grasa en alguna carne asada al horno o algún guiso,
basta colocar una naranja entera y no pelada (¡lavada sí!) en lo cocido. La grasa queda toda dentro de la naranja sin modificar el gusto de la comida.

Para asar la carne sobre grill (barbacoa) más rápido,
y, además, tener un sabor especial, marinar primero en un poco de vino o jugo de limón o salsa de soja.

Para agregar sabor a cualquier carne frita a la parrilla,
darle unos pocos toques de vinagre de manzana o vinagre de malta al plato.

Para asar carne seca,
envolver en papel aluminio, agregando primero, las especias y un trozo de mantequilla.

Carne molida

Para economizar al hacer albóndigas,
usar un puñado grande de copos de avena para aumentar el volumen. La avena tiene más valor nutricional que el pan.

Para que las albóndigas queden más jugosas,
remojar en leche migas de pan duro por unos diez minutos. Escurrir, y luego agregar a la carne.

Para obtener hamburguesas o albóndigas jugosas,
al freír, es importante que la sartén esté bien caliente al colocarlas en ella para que se sellen y no salgan los jugos. Después de unos minutos, baja a fuego medio.

Para hacer albóndigas o un pan de carne,
agregar un 25% de pan a la cantidad de agua. Gracias al pan, la carne molida retiene sus jugos ya que se retienen en los poros del pan.

Para unir la carne molida si no tienes huevos,
puedes usar harina o papas hervidas.

Para una hamburguesa jugosa,
agregar un poco de agua fría a la carne picada (¼ taza a un kilo de carne).

Hígado

Para que el hígado pierda su sabor fuerte,
marinar en leche o jugo de limón durante 30 minutos. Asar con anillos de cebolla o freír con huevo y harina.

Tocino

Para cortar la panceta o tocino con más facilidad,
poner en el congelador durante 15 minutos. Así la carne se pone más firme y se hace más fácil de cortar.

Para no tener que esperar que se descongele el bacon congelado para cortar,
congelar de la siguiente manera: sobre un papel encerado organiza las lonjas de bacon, una al lado de la otra, luego enrollar. Poner en una bolsa de plástico y congelar. Para usar, desenrollar y saca las lonjas necesarias.

Dorar

Cuando doras la carne,
debes secar la superficie con una toalla de papel para que la carne no libere humedad cuando lo metes en el aceite caliente. Demasiada humedad hace que la carne se cocine al vapor en lugar de tostar, y así se pierde esa suculenta corteza dorada.

Para dorar la carne y reducir el tiempo de cocción,
saltear la carne antes de cocinar. Usar un termómetro de carne para saber cuándo está cocinado por dentro.

Filete

Antes de asar un filete,
sacar del refrigerador por lo menos con una hora de antelación para que pueda llegar a la temperatura de ambiente.

Al cocinar un filete,
comenzar primero cocinando el borde donde hay un hilo de grasa. Dejar derretir la grasa para obtener una grasa de buen sabor para el resto. Sostener el filete con unas pinzas sobre el fuego caliente con la grasa hacia abajo. Una vez que la grasa esté derretida, aplanar y cocinar de los dos lados.

Guiso

Para que los ingredientes logren su sabor,
el guiso se debe cocinar a fuego bajo. Al cocinar sobre fuego alto, este proceso tarda más y los alimentos no saben tan bien.

Para guisar la carne,
utilizar una cacerola con una buena tapa.

Para que la carne sea más tierna antes de hacer un guiso,
frotarla con especias y freír a fuego alto hasta que esté dorado .Luego poner la carne encima de la cebolla o verduras que han sido estofadas previamente - lo que le darán sabor. Añadir las verduras sólo después de que la carne se haya ablandado. Seguir cocinando a fuego bajo.

Tips para un guiso mejor

No cocinar guisos a fuego alto.
Esto, en lugar de acelerar el proceso de cocción más bien lo ralentiza.

Los más deliciosos guisos se hacen cuando se prepara el roux de cebollas fritas y harina en la forma correcta:

- Sólo agregar la harina de una vez las cebollas estén transparentes, como resultado de la fritura.

- - Una vez añadida la harina, continuar la fritura hasta que las cebollas y la harina se doran. A continuación, añadir el pimentón y revolver un poco y diluir con un poco de agua tibia. Los guisos preparados con este roux resultan suculentos y muy sabrosos.

- Si se agrega la harina cuando la cebolla ya está dorada,
las cebollas se quemarán para cuando la harina se dore. Entonces el guiso se pone oscuro, con un sabor amargo y olor desagradable.

- Si se añade el agua antes que la harina se haya dorado,
pero las cebollas ya están doradas, el guiso tendrá olor a masa cruda y no tendrá color ni forma.

- Si se vierte agua fría sobre el roux,
se obtiene una deliciosa salsa, pero la carne no absorberá la salsa.

- Si se vierte agua hirviendo sobre ella,
la carne será sabrosa pero la salsa insípida.

- Si el agua que viertes es tibia,
tanto la salsa y la carne serán igualmente deliciosos.

Carne al horno

Para que la carne al horno no se seque,
colocar una fuente con agua en el horno.

Si la carne al horno se ha endurecido,
añadir unos cuantos tomates a la fuente, los ácidos del tomate ayudarán a que se vuelva tierna.

Para que la carne al horno sea tierna y deliciosa,
rociar la carne con sus jugos de vez en cuando. Si no tiene jugo utilizar caldo o agua tibia.`

Para que la carne al horno sea sabrosa,
marinar con pimienta negra, ajo picado y aceite unas cuatro horas antes, No salar hasta que esté casi listo para no perder los jugos de la carne. En el horno, dar vuelta una sola vez.

Marinar

Al marinar la carne no se debe salar ya que la sal hace iniciar el proceso de cocción. No se debe marinar por más de 24 horas.

Marinar la carne con cítricos puede darle una textura harinosa. Pero si te gustan los cítricos, otra opción es agregar algunas gotas de limón o lima una vez que el plato esté cocido.

Trucos para marinar

Para agregar sabor en mucho menos tiempo al asar un bistec,
marinar durante 10 minutos después de cocinar en vez de antes.

Para que la carne sea más tierna,
marinar con vinagre blanco destilado o para cocinar lentamente cualquier corte de carne barata.

Para reducir el sabor salado al hervir jamón y mejorar el sabor,
añadir al agua dos cucharadas de vinagre blanco o vinagre de manzana.

Para mejorar el sabor a cualquier carne frita a la parrilla,
añadir unos pocos toques de vinagre de manzana o vinagre de malta al plato.

Duración de la carne congelada

Al congelar la carne se neutraliza la posibilidad del desarrollo de bacterias. Pero si se congela durante demasiado tiempo, pierde su sabor y propiedades beneficiosas.

Carne cocinada y luego congelada se mantiene bien durante 8 meses. No descongelar antes de utilizar. Poner en agua hirviendo o directamente a cocinar para no perder su sabor.

Anotar en la bolsa el nombre del alimento y la fecha para ubicarlo rápidamente en el congelador.

- La ternera puede ser congelada hasta 12 meses.

- Cordero (más de un año) - congelar hasta 10 meses.

- Cordero (menos de un año) - congelar hasta 8 meses.

- Cerdo con piel – congelar hasta 8 meses

- Cerdo sin piel congelar - hasta 6 meses.

- Menudos – congelar hasta 4 meses, luego pierde su sabor.

- La carne de vacuno – congelar hasta 11 meses.

- Pollo y pavo – congelar hasta 6 meses
- Pato y ganso – congelar hasta 5 meses

- Carne molida de ternera o cerdo – congelar hasta 4 meses.

- Los chorizos y salami - congelar hasta 10 meses. Descongelar lentamente.

- Carne ahumada – congelar hasta 6 meses. Descongelar lentamente a temperatura de ambiente.

CEBOLLA

Para evitar llorar al cortar la cebolla, hay diversos métodos:

- colocar previamente la cebolla por unos minutos en el congelador.

- enjuagar la cuchilla con agua con hielo después de cada corte.

- pelar la cebolla y cortar por la mitad. Luego remojar en agua o vinagre durante unos 10 minutos antes de cortar.

Para eliminar el olor a cebolla de las manos, frotarlas con vinagre blanco destilado.

Para cortar una cebolla con más eficacia al picarla,
- no retires la raíz.
- Cortar el tallo puntiagudo, y luego, cortar la cebolla por la mitad a través de la raíz; pelar.

- Coloca las dos mitades con la parte cortada hacia abajo; hacer cortes horizontales paralelas a la tabla de cortar.

- Hacer cortes verticales, comenzando cerca del extremo de la raíz; no cortar a través de la raíz.

- Sosteniendo el extremo de la raíz, cortar a través de los cortes verticales; la cebolla picada se deshace sola.

Para caramelizar las cebollas muy rápidamente,
cocinar a fuego medio-alto utilizando una sartén antiadherente seca. Se caramelizan maravillosamente y en mucho menos tiempo que con los métodos tradicionales.

Para un sabor delicioso al saltear las cebollas en mantequilla,
agregar un poco de miel. Agregar las cebollas cuando la mantequilla con la miel ya estén calientes.

Para que la cebollas se conserven más tiempo (8 meses),
guardarlos individualmente en medias cancán o pantis, haciendo un nudo después de cada cebolla.

Para guardar cebollas verdes o cebollines,
cortarlos y colocar dentro de un recipiente de plástico cerrado y congelar. Al descongelar, seguirán frescas, estarán listas para usar y te habrás ahorrado tiempo.

Al saltear las cebollas, para acelerar el proceso de dorar,
agrega una pizca de bicarbonato.

Un buen consejo:
Cuando uses cebolla cruda en una salsa y no vas a consumir esa salsa dentro de los próximos 20 minutos, enjuagar la cebolla cortada bajo agua corriente fría primero y luego secar con un papel de cocina. Así se libran de gas sulfuroso que puede arruinar la salsa fresca. Es muy importante realizar esto con guacamole, también.

EN LA COCINA

Para ahorrar tiempo y dinero y evitar comprar lo que creías te faltaba en tu despensa,
toma tiempo para organizar tu despensa y mantenerla organizada.

Para economizar a la hora de usar el horno,
prepara otra receta al mismo tiempo. Así economizas energía eléctrica y ya tendrás listo otro plato.

Para evitar que tomen olor feo los recipientes de plástico que se usan para guardar la comida (Tupperware),
echar una pizca de sal al guardarlos.

Para facilitar el rallar los alimentos (y a la hora de limpiar también),
rociar el rallador con aerosol anti-adherente.

Para evitar sorpresas desagradables o un momento de estrés,

reúne todo lo que necesitarás, cortar toda las verduras y la carne y hacer las salsas antes de empezar a cocinar y así todo resultará más fácil.

Para ahorrar energía en la cocina,

se debe cocinar con la tapa de la olla ya que así ahorrarás un 20% de energía.

- Además, los líquidos con sal se calientan antes así que al poner a hervir el agua, agrega siempre la sal primero.

Para mejorar el aspecto de la cacerolas de aluminio,

hervir algunas cáscaras de manzana en esa cacerola.

Para alejar las hormigas de tu despensa,

colocar allí algunas hojas de laurel (frescas o secas) en un recipiente.

Un buen consejo:
Una cacerola de hierro fundido es un aliado muy útil en la cocina. Se consigue una cocción pareja y es facilísimo limpiar.

Recetas

Las recetas son sólo una guía.

Siéntate cómodo de reemplazar los ingredientes por ingredientes similares que prefieres. Si te gusta el orégano pero no el tomillo, usa el orégano. Si no es un ingrediente principal, puedes omitirlo y el plato saldrá bien lo mismo.

Si tienes que cocinar para una ocasión especial,
nunca pruebes una receta nueva y un ingrediente con el cual no estás familiarizado al mismo tiempo. Es más que probable que algo te salga mal.

Para lograr resultados satisfactorios cuando la receta pide, mantequilla, margarina u aceite,
no substituir un producto por otro, ya que el sabor y la textura pueden cambiar.

Al seguir una receta es importante
medir los ingredientes cuidadosamente con los elementos de medir adecuados.

Para no olvidar tus éxitos,
anota tus recetas. Si has cambiado una receta, y funciona, anótalo.

Un buen consejo:
Toma el tiempo para leer la receta entera antes de comenzar. Parece de poca importancia pero te evitará sorpresas en plena marcha.

Seguridad en la cocina

Para evitar accidentes,
aprende a afilar los cuchillos y hacerlo a menudo. Lo más peligroso en tu cocina es un cuchillo sin filo ya que exige que pongas más presión para cortar y estás más propenso a que te cortes.

Para trabajar más eficientemente y con más seguridad,
siempre usar cuchillos afilados.

Para seguridad, colocar un corcho en la punta de un cuchillo antes de guardarlo en el cajón.

Para evitar un accidente en la cocina (son muy frecuentes), asegúrate de que trabajas con el mango de la sartén alejado de ti.

Sustitutos para ingredientes no tradicionales

¿Alguna vez te ha gustado una receta pero la ignoras porque los ingredientes son difíciles de encontrar o demasiado caros? Puedes sustituir algunos de ellos:

- **Vinagre balsámico** – por vinagre de vino y agregar algunas hierbas.

- **Leche de coco** – sustituir en recetas por leche o crema líquida. Se pueden agregar copos de coco.

- **Crema mascarpone** – por queso crema o una mezcla de crema alta en grasa y queso cottage.

- **Passata de tomate** - 1 kilo tomates, 1 cebolla, 2 cucharaditas de sal, 1 manojo de albahaca. Verter agua hirviendo sobre los tomates, pelar y picar finamente. Cortar la cebolla y rehogar en aceite hasta que estén doradas. Añadir los tomates a la misma y rehogar la mezcla durante 25 minutos. Diez minutos antes de que la salsa esté lista salar y añadir la albahaca finamente picada.

DESCONGELAR

Para descongelar rápidamente,
lo más fácil es usar el microondas, pero no siempre es la manera más saludable.

Para descongelar la carne,
no se aconseja hacerlo en el microondas porque pierde su sabor. Lo mejor es dejarlo en el refrigerador unas 15 horas para que se descongele gradualmente. Si dejas la carne a temperatura de ambiente tardará unas 6 horas. El descongelar lentamente permite que los tejidos de la carne absorban gran cantidad de los jugos soltados.

Para descongelar carne molida rápidamente,
colocar en dos bolsas de plástico. Luego poner en un bol profundo y dejar que el agua del grifo corra por encima. Una vez lleno, cambiar el agua cada 15 minutos. Lleva unos 40 minutos. Otra opción es poner la bolsa de carne dentro de un bol y calentar el recipiente en un baño de agua para ablandarlo.

Para descongelar el pescado,
La carne del pescado es muy tierna y descongelarlo de manera inadecuada puede dañar su forma y afectar el sabor.

Para descongelarlo el pescado rápidamente,
colocar en dos bolsas de plástico. Luego poner en un bol profundo y dejar que el agua del grifo corra por encima. Una vez lleno, cambiar el agua cada 15 minutos. Lleva unos 40 minutos.

Para no arruinar su sabor y los nutrientes que contiene el pescado,
no descongelar en agua tibia,

Para cuidar más la ternura de la carne de pescado,
se puede limpiar aún antes de que se haya descongelado completamente.

Para descongelar el surimi,
dejar el paquete bajo el chorro de agua tibia por unos 3 minutos.

Para descongelar verduras,
echar en agua hirviendo o una fuente caliente.

Para descongelar las frutas,
tener mucho cuidado para no perder sus jugos. Es mejor guardarlos ya lavados.

ENSALADA

Para obtener una ensalada más sabrosa,
asegúrate que la lechuga esté completamente seca ya que esto ayuda que se adhiera el aderezo.

Para ensaladas y aderezos más sabrosos,
añadir un poco de mostaza.

Para evitar que la ensalada se estropee pronto cuando tienes una comida especial,
no le pongas el aderezo hasta el momento de sentarse a la mesa o dejar que los comensales aliñen la ensalada a su gusto una vez servida.

Al hacer una vinagreta,
primero diluir la sal en el vinagre antes de agregar el aceite.

Para aumentar el sabor y reducir al mínimo el olor a pescado, añadir un cucharada de vinagre con sabor a hierbas a la hora de hacer la ensalada de atún.

Un buen consejo:
Se puede reemplazar el vinagre blanco en cualquier receta por vinagre de manzana.

ESPECIAS

Para que las especias no pierdan su sabor,
guardarlos en un lugar fresco y oscuro, no arriba de la cocina. La humedad, la luz y el calor hacen que las hierbas y las especias pierdan su sabor. Se deben guardar en recipientes individuales y bien tapados.

Hay 5 especias que pueden transformar incluso el plato más sencillo en una delicia para el paladar:

- La **pimienta blanca y negro,** molida o en granos es esencial para hervir, asar o saltear. Es saludable e insustituible.

- El estilo italiano sugiere el uso de **orégano y albahaca.** Puedes comprarlos frescos o secos o cultivarlos en una maseta. Añadir a comidas típicas italianas - pizza y pasta, así como a las ensaladas de verduras frescas y así lograr un verdadero banquete italiano. El orégano y la albahaca complementan bien los platos de carne y pescado.

- El **jengibre** es la especia que los buenos chefs utilizan tanto en postres, así como en los platos principales. Se añade a productos de panadería, pan, galletas y todo tipo de pastas. Úsalo para cocinar un pollo o verduras en salsa de jengibre agridulce, o espolvorear sobre el arroz, y también es bueno hacer un té de jengibre.

- Cada plato será más deliciosa si se añade un poco de **pimentón**. Añadir el pimentón a las ensaladas y sopas, te dará unos colores brillantes.

FRIJOLES Y LEGUMBRES

En todo el mundo los frijoles se conocen y se utilizan en sopas, guisos, al horno, en ensaladas y fritos. Son muy versátiles al poder utilizarlos de diversas maneras y además aportan muchos nutrientes.

Para que las lentejas no se conviertan en puré,
saltear las lentejas previamente durante 5 minutos removiéndolas.

Para mejorar el sabor de las lentejas,
agregar dos cucharadas de vinagre de manzana.

Para evitar los gases que producen los frijoles,
dejar en remojo durante 12 horas previamente. Desechar el agua. Otra opción es hervir los frijoles y luego desechar el agua. Luego agregar agua fría y las demás verduras y continuar la cocción.

Al cocinar los frijoles, acompañarlos con cebollas, zanahorias, pimientos y tomates. Condimentar con pimienta, menta y apio.

FRUTA

Para aprovechar del mejor sabor y mayores nutrientes de la fruta y la verdura,
consumir a la brevedad después de comprar.

Para disfrutar de la fruta de estación durante todo el año,
comprarlo fresco y luego congelar en un recipiente hermético.

Para quitar las manchas de fruta de tus dedos,
frotarlas con una papa pelada o con vinagre blanco.

Para cortar la fruta seca,
primero se debe congelar durante una hora; luego, antes de cortar, pasar el cuchillo por agua bien caliente.

Para darle un sabor ácido a frutas frescas,
como la pera o el melón, añadir una cucharada de vinagre balsámico. Servir inmediatamente para prevenir que la fruta se ponga blanda.

Banana

La mejor manera de pelar una banana,
es desde abajo, así evitas tener que sacarle los "hilos".

Para que las bananas maduren más rápido,
dejarlos unidos en el tallo.

Para hacer un puré de banana más rápidos,
apretar con las manos mientras aún están dentro de la cáscara. Es rápido y fácil.

Para mantener las bananas en buen estado durante más tiempo,
no las guardes juntas en una fuente o con otra fruta. Separar cada banana y poner en un sitio diferente. Las bananas sueltan unos gases que hacen que la fruta (incluso otras bananas) madure rápidamente.

Para conservar mejor las bananas,
pelarlas, envolver en papel de aluminio y guardar en el refrigerador.

Frutilla

Para que las frutillas duren más (quince días sin ablandarse o pasarse),
preparar una mezcla con 10 partes de agua y 1 de vinagre blanco. Pasar las fresas por esta mezcla y luego escurrir y secar. No les quedará el sabor al vinagre a las fresas porque la mezcla es tan diluida.

Prueba marinar las frutillas en vinagre balsámico y vodka,
y luego usar en un cóctel, en panqueques y sobre el helado.

Higo

Los higos son un gran complemento a ingredientes salados,
como por ejemplo el jamón, el queso de cabra, la rúcula. Un sándwich de queso a la parrilla con mantequilla de anacardo e higos ¡te cambiará la vida!

Limón

Para exprimir la mayor cantidad de jugo de un limón u otro cítrico,
apretar fuerte en la palma de la mano por un minuto, o poner en el microondas por 10 a 15 segundos.

Cuando una receta requiere cáscara de limón,
en lugar de rallarlo en un recipiente separado, sostener el rallador sobre el bol y rallar directamente sobre la mantequilla o la nata. Los aceites cítricos aromáticos que se rocían en el tazón darán al postre un sabor realzado.

Para aprovechar las grandes propiedades que tiene el limón,
(ya que la cáscara del limón contiene más vitaminas que el jugo de limón en sí), colocar el limón bien lavado, en el congelador. Una vez que se haya congelado, rallar el limón entero y espolvorearlo en la parte superior de tus alimentos. Le dará un sabor maravilloso a tu ensalada de verduras, helados, sopas, fideos, salsa, arroz, sushi, y platos de pescado.

Manzana

Para evitar que se ponga negra la manzana después de cortar,
rociar con un poco de jugo de limón sobre la superficie cortada. Se mantendrán frescas por mucho tiempo.

Melón

Cómo elegir un melón,
es mejor el melón hembra que el macho. El melón hembra tiene el troncho más ancho que el macho. Si el rabo del melón se resiste al retorcerlo, el melón no está maduro, tiene que romperse fácilmente. Es preferible el melón de piel granulosa al de piel lisa.

Membrillo

Cuando se hace puré de membrillo,
no debe olvidarse de rociarlo con limón para que no se ennegrezca.

Nuez

Para pelar las nueces fácilmente,
dejar en remojo en agua con sal durante algunas horas.

Para pelar fácilmente las almendras,
ponerlas en remojo en una taza de agua hirviendo durante 10 minutos.

Pera

Si guardas las peras en un frutero,
hazlo con los rabos colocados hacia arriba y procurando que no se toquen entre sí, te durarán más tiempo.

Uva

Al comprar las uvas,
sacudir el ramo suavemente; si algunas uvas caen es porque no son frescas.

Para guardar las uvas,
envolver en un periódico sin apretar y mantener en la oscuridad.

Para pelar las uvas bien,
el truco consiste en meter el racimo en agua hirviendo durante medio minuto.

HIERBAS

Para que el perejil se conserve fresco y dure más,
guardar en el refrigerador dentro de una bolsa de plástico con aire.

Para evitar que el perejil u otras hierbas se corran al cortar sobre la tabla,
echar un poco de sal primero sobre la tabla de cortar.

Para que las hierbas frescas duren más tiempo,
guárdalas como si fueran flores frescas: ponerlas en un frasco de agua sobre la mesada. Cortar lo necesario y cambiar el agua a diario. Durarán dos o tres veces más que guardadas en el refrigerador.

Para mantener el jengibre fresco por meses,
congelar el jengibre fresco y rallar a medida que lo necesites.

Cuando uses hierbas frescas como el cilantro o el perejil,
agregar los tallos enteros a ensaladas y sándwiches, y para las salsas y guacamole, cortar los tallos y las hojas.

Para mantener el albahaca fresca durante más tiempo,
dejarlo a temperatura de ambiente y con los tallos en agua.

Para preservar hierbas secas,
colocarlas en aceite y congelar.

HUEVOS

Si la receta requiere huevos,
sacar del refrigerador un poco antes de usarlos. Los huevos se agrietan más si están fríos.

Para mantener los huevos frescos más tiempo,
guardar con la punta hacia abajo. Esto mantiene la yema en el centro y ayuda a mantenerlo fresco.

Para mantener la forma del huevo al hacer huevos poché,
agregar al agua 1 cucharadita de vinagre blanco destilado.

Para que los huevos revueltos salgan cremosos,
agregar 1 cucharada de vinagre por cada dos huevos cuando los huevos empiezan a endurecerse. Revolver hasta lograr su cocción.

Para que las tortillas de huevo aumenten de tamaño,

batir los huevos incorporando una cucharada de harina.

Si no sabes si los huevos son frescos o no,

ponerlos en unos 10 cms de agua. Los huevos que bajan al fondo son frescos. Si flotan es porque no son fresco. Si solamente sube una punta no es muy fresco y debería ser usado a la brevedad.

Para separar la clara de la yema de un huevo,

utiliza un embudo...la yema se queda atascada y así no se te romperá.

Para evitar que los huevos revueltos se peguen a la sartén,

agregar sal a la sartén con aceite antes de echar los huevos.

Para evitar que se caigan trozos de cáscara al bol de trabajo y alguna contaminación,

siempre romper los huevos sobre una superficie plano y no sobre el borde del bol.

Para batir las claras de huevo y lograr mejores resultados y más rápido,

agregar una pizca de sal.

Para batir las claras de huevo y que tengan más cuerpo,

agregar un poquito de azúcar hacia el final del batido – cuando las claras ya se forman en picos. Agregar el azúcar de a poco sin dejar de batir. Para evitar que se ablande.

Si hierves una gran cantidad de huevos a la vez,
ponerlos a hervir en un canasto de metal para poder sacarlos del agua con más facilidad.

Para lograr un buen fertilizante,
utilizar las cáscaras de huevo. Las cáscaras de huevo son rico en carbonato de calcio. Machucar las cáscaras y extender sobre tus plantas donde se descomponen y actuarán como fertilizador de la tierra.

Para limpiar un termo o licuadora,
Usar las cascaras de huevo. Ponerlas en el fondo, agregar agua y sacudir. Las cáscaras se quebrarán como la arena. Luego enjuagar.

Para batir las claras de huevo correctamente

- Separar las claras de las yemas y colocar en un bol seco. No debe haber ni un rastro de yema. El batidor que usas también debe estar seco.

- Las claras deben estar a temperatura de ambiente para que sean más manuables y requieran menos batir.

- Si agregas un poco de ácido como jugo de limón o vinagre, ayudará a llegar a su volumen y que se endurezca. Usar ¼ de cucharadita de jugo de limón por cada clara.

- La sal también ayuda al batir las claras, aún si es para un postre. Añadir antes de batir.

- El azúcar batido con las claras logra que se endurezcan bien las claras. Es mejor agregar al comienzo si usas ¼ taza o menos. Si usas más, comienza a agregar cuando las claras ya están duras y agregar de a poco. En ambos casos no agregar el azúcar en el centro del bol sino siempre de los costados.

- Si usas un batidor eléctrico, empieza con una velocidad suave y aumenta una vez que logras una buena espuma.

- Al lograr el batido, usar inmediatamente ya que después de los 5 minutos su estructura empieza a desarmarse.

Huevos duros

Para que no se te rompan los huevos al cocerlos, agregar una pizca de sal al agua antes de hervir.

Si el huevo se agrieta y la clara se sale, basta con añadir un poco de vinagre al agua y ser cerrará la grieta.

Para que los huevos duros tengan en su interior la yema perfectamente centrada, revolverlos de vez en cuando durante su cocción.

Para pelar mejor los huevos duros, echar sal al agua de cocción.

Para hervir huevos correctamente

- Para evitar que la cáscara se quiebre al hervir, evitar el golpe de cambio de temperatura, dejar los huevos a temperatura de ambiente antes de hervir. Si los usas directamente sacado del refrigerador, agregar uno o dos minutos más de cocción.

- No amontonar los huevos en la cacerola para que no se golpeen entre ellos.

- Llevar a ebullición suficiente agua para cubrir los huevos. Meter los huevos sin golpearlos.

- Llevar a ebullición nuevamente y luego dejar hervir a temperatura baja durante 8 minutos exactos.

- Sacar los huevos y sumergir en agua frío para detener la cocción y facilitar pelarlos.

Para evitar una sobre-cocción al hervir los huevos,

usar un temporizador que avisa los minutos transcurridos. Al hervir de más, el huevo pierde sus nutrientes y la clara se parece a goma. Si los huevos son muy frescos (4 días o menos) hervir 30 segundos más.

Guía para hervir huevos

Algunos prefieren el huevo pasado por agua algo más blando. Aquí hay una guía de cocción:

- 3 minutos - un huevo pasado por agua bien blando

- 4 minutos – con la clara dura y la yema blanda

- 5 minutos – con la clara dura y la yema bastante blanda

- 6 minutos – con la yema casi dura

- 8 minutos – para un huevo duro

Sustituto para los huevos

Si se te acabaron los huevos puedes sustituir por lo siguiente:

Un huevo equivale 2 cucharadas de leche, media cucharada de jugo de limón y media cucharada de bicarbonato.

Otro sustituto:
- 2 cucharadas de leche con ¼ cucharadita de bicarbonato.

- Si no tienes leche, 1 huevo equivale 2 cucharadas de agua, 1 cucharada de aceite y 2 cucharaditas de bicarbonato.

- Si no tienes aceite, sustituye el huevo por 2 cucharadas de agua y 2 cucharaditas de bicarbonato.

Si estás usando una receta para pasteles, masa de panes, tortas, pitas, y otros productos horneados, el huevo también puede ser reemplazado por 1 cucharada de leche en polvo, 1 cucharada de fécula de maíz y 2 cucharadas de agua.

LIMÓN

El limón es un alimento con muchos usos. He aquí algunos:

Para darle a tu plato un realce de sabor,
agrega una gotas de limón en lugar de recurrir a la sal. Lo cítrico da vida a las recetas.

Para ayudarte a adelgazar,
bebe un vaso de jugo de limón templado en ayunas y otras dos veces más durante el día.

Para el cuerpo,
lograr un crema para las manos con partes iguales de glicerina, jugo de limón y agua de rosas.

Para alivio de dolores,
en los juanetes y callos, aplicar el jugo de limón puro para calmar los juanetes y dejar toda la noche para los callos.

Para limpieza de latón y cobre,
para quitar el deslustre, frotar bien con los limones en rodajas. Para objetos más dañados, primero espolvorear bicarbonato de soda en el trozo de limón.

Para lavar la tabla de cortar,
no basta con agua caliente y detergente. Usar sal gruesa y la mitad de un limón para frotar y así eliminar todo rastro de alimentos y bacterias.

Como ambientador,
mezclar y verter en una botella de spray: 1 cucharadita de bicarbonato, 1 cucharadita de jugo de limón y 2 tazas de agua caliente. Rociar al aire para eliminar los olores.

LIMPIEZA

Para limpiar la licuadora o batidora, llenar con agua caliente y un poco de detergente. Poner en funcionamiento unos segundos, luego enjuagar.

Para limpiar el asador o grill, frotar la parrilla con la mitad de una cebolla.

Para limpiar vómito del suelo, hacer una pasta con agua y bicarbonato y extender sobre el vómito. Dejarlo unas dos horas, luego aspirar.

Para revitalizar tus muebles de cuero, utilizar betún incoloro de zapatos.

Para limpiar a fondo el lavavajillas, colocar una taza de vinagre en el estante superior y poner en marcha el lavavajillas en su programa de más tiempo y temperatura.

Para quitar el polvo de las pantallas de las lámparas,
utilizar un rodillo de papel adhesivo para quitar pelusa.

Para limpiar los rincones más pequeños y las juntas,
utilizar una boquilla de repostería introduciéndola en el extremo del mango de la aspiradora.

Para limpiar el rallador de restos de queso,
utilizar una papa.

Para recoger los vidrios rotos sin peligro de cortarse,
colocar un pan de molde sobre los trozos rotos y presiona suavemente. Los vidrios quedan en el pan y el suelo queda limpio.

Para limpiar el teclado de tu computadora,
humedece un bastoncillo en alcohol y pasarlo por el teclado.

Para limpiar el horno,
mezclar detergente, vinagre y bicarbonato de sodio. Extender y dejar actuar durante 15 minutos, luego pasar una paño húmeda.

Para lavar los juguetes de plástico de los niños con más eficacia y sin esfuerzo,
lavarlos en el lavavajillas.

Para limpiar y desengrasar el microondas,
hervir una taza de vinagre en el microondas durante un minuto, luego pasar una paño húmeda.

Para limpiar un colchón,

espolvorear bicarbonato de sodio y dejar que repose. Luego pasar la aspiradora y añadir unas gotas de esencia de lavanda para un aroma agradable.

Para eliminar las manchas y desinfectar la tabla de cortar,

frotar con limón y sal.

Para eliminar las manchas de óxido de la bañera,

utilizar un pomelo con sal.

Para prevenir infección,

lavar bien la tabla de cortar después de usarlo por cada alimento individual. No poner carne o verduras cocidas sobre la misma superficie después de cortar carne o pescado. Es mejor limpiar la fruta y verduras sobre toallas de papel.

Limpiar con bicarbonato

Hacer tu propio producto para fregar las manchas difíciles combinando,

1/4 taza de bicarbonato de sodio con 1 cucharada de detergente . Añadir suficiente vinagre blanco destilado para darle una textura espesa pero cremosa.

Hacer tu propio desinfectante para suelos,

con 7 ½ litros de agua muy caliente agregado a 1/2 taza de bórax. Poner el bórax en el balde primero y agregue el agua lentamente para evitar salpicaduras.

Limpiar con sal

Para limpiar una cacerola de hierro fundido,
usar sal gruesa y una esponja suave. La sal natural abrasiva absorbe el aceite y levanta los restos de comida sin eliminar las características de la olla.

Para limpiar los vasos de vidrio de manchas de café o té,
mezclar sal con el detergente para lavar los platos y frotar.

Para limpiar el refrigerador y eliminar olores,
usar un paño con sal o bicarbonato de sodio disuelto en agua.

Para limpiar el fregadero,
verter regularmente agua salada caliente en el fregadero para eliminar los olores y para prevenir la acumulación de grasa en las tuberías.

Para limpiar una cafetera de cristal,
poner sal y baldes de hielo en la cafetera, agitar vigorosamente y enjuagar. La sal pule la parte inferior y el hielo ayuda a una mejor limpieza.

Limpiar con vinagre

- El vinagre de manzana se usa para limpiar los depósitos de cal y residuos que se acumulan en el baño, el W.C., los azulejos de cerámica, las ventanas y lavabos.

- No se debe usar el vinagre de manzana, el vinagre blanco ni ningún tipo de ácido, para limpiar mármol.

- El vinagre blanco limpia y mata las bacterias, el moho y los gérmenes. Se usa para desodorizar los desagües, trituradores y sistemas sépticos. También se usa el vinagre blanco para blanquear la ropa y para limpiar ventanas.

- El vinagre blanco es un limpiador para todo uso que se puede utilizar en la casa para limpiar una multitud de cosas que van desde limpiar zapatos, pulir la madera, la eliminación de manchas en la ropa, prevenir la pelusa en la ropa y eliminar los olores de mascotas.

- Generalmente se diluye el vinagre blanco con agua según el objeto a limpiar. En casos de manchas difíciles o grasa, se usa puro.

- No se debe mezclar el vinagre con lejía. El vinagre combinado con el cloro puede crear gas de cloro que irrita las membranas mucosas como los ojos, la garganta y la nariz causando dificultades graves para respirar, vómitos, y en niveles muy altos, puede causar la muerte.

Lavado de ropa

EL ácido del vinagre blanco destilado no es suficiente para dañar los tejidos sin embargo es suficiente para disolver los álcalis en los detergentes y jabones.

Para retirar los restos de jabón y limpiar las mangueras de su lavadora, periódicamente poner a funcionar la máquina con sólo una taza de vinagre blanco destilado.

Poner ¼ taza de vinagre blanco destilado en el último enjuague para:

- obtener ropa más limpia

- suavizar la ropa

- prevenir que se ponga amarilla la ropa

- reducir el estático en la ropa

Usar ½ taza de vinagre blanco destilado en el último enjuague para que:

- los sweaters de lana o acrílica luzcan más esponjoso

- los colores sean más vivos

- eliminar olor a jabón

- eliminar residuos de jabón que opacan la ropa de color negro

Plancha

Para eliminar marcas de quemaduras de una plancha, una solución tibia de y sal en partes iguales. Si no funciona, usar sólo vinagre blanco destilado.

Para mantener la plancha de vapor limpia y en buen estado de funcionamiento,
mediante la eliminación de los depósitos minerales en los conductos de vapor y boquillas de pulverización:

- Llenar la cámara de agua con una solución de partes iguales de vinagre blanco destilado y agua destilada.

- Poner en posición vertical y dejar que salga el vapor durante unos 5 minutos.

- Cuando la plancha esté fría, enjuague el tanque con agua, recargar y agitar para que suelte el agua en los conductos sobre un paño.

- Probar antes de usar.

En la cocina y el baño

Una mezcla básica de bicarbonato de sodio y vinagre puede eliminar la grasa en la cocina, especialmente alrededor de los fuegos. Aplicar en forma de pasta, dejar reposar, y luego limpiar.

Hacer tu propio rociador casero para limpiar la cocina y el baño,
utilizando 1 parte de vinagre blanco, 4 partes de agua, y 1 cucharadita de detergente. Usar para limpiar encimeras, la silla alta del bebé, zócalos, paredes, suelos electrodomésticos, etc.

Hacer tu propio producto para fregar las manchas difíciles,

combinando 1/4 taza de bicarbonato de sodio con 1 cucharada de detergente. Añadir suficiente vinagre blanco destilado para darle una textura espesa pero cremosa.

Para limpiar el microondas,

dejar hervir 1 taza de vinagre durante 1 minuto. La comida pegada se aflojará y eliminará los olores. Limpiar con un paño.

Para eliminar mejor la grasa de los platos,

lavar con agua y vinagre.

Para recuperar el brillo exterior de las ollas y sartenes,

usar vinagre. Si la mancha es profunda cubrir la esponja de lavar con sal y luego el vinagre y frotar. Sólo frotar la superficie y la olla brillará una vez más.

Para eliminar la acumulación de jabón y olores del lavavajillas,

verter una taza de vinagre blanco destilado en la máquina vacía y ejecutar el ciclo completo. Hacer mensualmente.

Para mantener tu cristalería brillante,

usar vinagre en el lavavajillas.

Si la cristalería está opaca,

empapar toallas de papel o un paño en vinagre blanco destilado y envolver alrededor del interior y exterior del cristal. Dejar reposar antes de enjuagar.

Para eliminar los depósitos minerales y de cal de la cafetera, el hervidor de agua, o tetera,

llenar el depósito de agua con 1 taza o más de vinagre blanco destilado y ejecutar el ciclo. Luego ejecutar el ciclo con agua solamente, una o dos veces. También se puede dejar el aparato en reposo con el vinagre durante la noche antes de llevar a cabo el ciclo.

Para eliminar la acumulación de jabón de los grifos,

frotar con una solución de 1 parte de sal por 4 partes de vinagre blanco destilado.

Para eliminar el olor y manchas de los envases de plástico,

limpiar con un paño humedecido con vinagre blanco destilado.

Para quitar el olor de alimentos en mal estado de un refrigerador,

primero enjuagar la zona con agua y jabón. Rociar las superficies con vinagre blanco destilado y limpiar con un paño húmedo o esponja. Llenar varios recipientes con bicarbonato de sodio y dejar unos días con la puerta cerrada.

Para limpiar el refrigerador y quitar manchas y grasa,

usar vinagre blanco destilado. Si hay partes difíciles, dejar en remojo primero.

Para limpiar el horno y eliminar la grasa,

usar una esponja empapada en vinagre blanco destilado. Luego secar con un paño.

Para eliminar los depósitos de cal de los grifos y que el cromo reluzca,
usar una pasta hecha de 2 cucharadas de sal con 1 cucharadita de vinagre blanco destilado.

Para renovar las esponjas y paños,
dejar en remojo durante la noche en agua suficiente para taparlos y luego agregar ¼ taza de vinagre blanco destilado.

Para limpiar la rueda de un abrelatas,
usar vinagre blanco destilado y un cepillo de dientes viejo.

Para quitar las manchas de las tazas de café y té,
usar partes iguales de vinagre blanco destilado y sal (o bicarbonato). Luego enjuagar.

Para quitar las manchas oscuras de cacerolas de aluminio,
hervir 1 taza de vinagre blanco destilado y 1 taza de agua.

Para quitar las manchas de agua de las cacerolas de acero inoxidable,
empapar una toalla con vinagre blanco destilado que ha hervido y dejar 30 minutos. Espolvorea con bicarbonato y frotar y limpiar.

Para eliminar la grasa de una cacerola de acero inoxidable,
mezclar vinagre blanco destilado con detergente.

Para eliminar lo quemado de una cacerola,
mezclar 1 taza de agua con 1 taza de vinagre y hacer hervir. Quitar del fuego y agregar bicarbonato. Cuando se haya acabado la efervescencia, vaciar la cacerola y frotar como de costumbre.

Para evitar que la cal permanezca en la puerta de la ducha, antes de ducharse, rociar con vinagre blanco destilado.

Para eliminar la suciedad de la bañera, los azulejos, la cortina o puerta de la ducha, limpiar con vinagre blanco destilado. Enjuagar con agua.

Para dar brillo a los lavabos de porcelana, utilizar una esponja empapada en vinagre blanco destilado y agua, en partes iguales. Luego secar con un paño.

Para destapar y eliminar el olor de un desagüe de la bañera, verter ½ taza de bicarbonato de sodio en el desagüe, a continuación, echar una mezcla de una taza de vinagre blanco y una taza de agua caliente. Inmediatamente tapar el desagüe para contener las burbujas durante 10 minutos. Enjuagar por verter una olla de agua hirviendo por el desagüe.

En la casa

El vinagre tiene propiedades desinfectantes y blanqueadores y es un excelente disolvente para la grasa.

Para limpiar los vidrios y espejos, mezclar agua y vinagre en partes iguales y rociar. En lugar de una paño, secar con papel de diario para no dejar huellas.

Para crear una trampa casera para moscas,
en un plato verter 1 cucharada de vinagre de manzana sobre una gota de detergente.

Para limpiar los excrementos de los pájaros,
rociar con vinagre de manzana. Dejar en remojo y luego quitar todo con un paño.

Para mantener las hormigas a raya,
rociar las zonas conflictivas con una combinación de partes iguales de agua y vinagre.

Para quitar el olor de un ratón muerto u otro roedor (después de la eliminación de todos los restos),
limpiar el área con vinagre blanco destilado. Luego colocar una hoja de suavizante (para el secador de ropa) en el área, para eliminar cualquier olor persistente.

Para limpiar de joyería de oro,
remojar en una taza de vinagre de manzana durante 15 minutos. Retirar y limpiar con un paño seco.

Para limpiar latón y cobre,
mezclar partes iguales de sal, harina y vinagre y aplicar la crema al objeto. Dejar por una hora y luego quitar con un paño suave. También se puede mezclar 1taza de vinagre y 1/2 tacita de sal. Calentar hasta que la sal se haya disuelto. Impregnar un paño con esta mezcla y frotar el objeto. Dejar secar y luego sacarle brillo.

Para darle brillo a zapatos y bolsos de charol,
pasarles un paño impregnado con vinagre destilado blanco.

Para eliminar los diminutos agujeros que quedan a lo largo del dobladillo, después de deshacer la costura del dobladillo,
humedecer un paño con vinagre blanco destilado, colocar debajo de la prenda y planchar.

Para ocultar los arañazos en los muebles viejos,
aplicar una mezcla de vinagre de manzana y yodo.

Para limpiar los libros de vinilo para bebés,
pasarles una esponja humedecida con vinagre blanco destilado y agua. Luego secar con un paño.

Para limpiar y desinfectar los juguetes del bebé,
añadir una cucharada de vinagre blanco destilado al agua jabonosa.

Para quitar la película en los biberones de vidrio,
rellenar con partes iguales de agua caliente y vinagre blanco destilado. Deje reposar durante al menos una hora. Frotar con un cepillo.

Para eliminar la película en floreros de vidrio, frascos de cuello estrecho, o botellas,
dejar reposar vinagre blanco destilado en ellos durante unas horas. Añadir un poco de arroz o arena y agitar vigorosamente para aflojar las manchas difíciles. Repetir si es necesario.

Para borrar las manchas de tinta de bolígrafo,

frotar con una esponja o paño empapado en vinagre blanco destilado hasta que las manchas se hayan ido.

Para limpiar las tijeras pegajosas (después de cortar con cinta, por ejemplo) o cuando una etiqueta deja un residuo pegajoso,

pasarles un paño mojado en vinagre blanco destilado.

Para limpiar y eliminar el mal olor de orina en un colchón,

pasar con una solución de vinagre blanco destilado y agua. Luego espolvorear la zona con bicarbonato de soda y dejar secar. Luego, cepillar o aspire el residuo.

Algunas manchas en la alfombra se pueden quitar,

con una pasta de 2 cucharadas de vinagre blanco destilado y 1/4 taza de sal o bicarbonato de sodio. Frotar la mancha en la alfombra y dejar secar. Aspirar el residuo al día siguiente. (Primero se debe hacer una prueba en una parte de la alfombra que no se ve).

Para quitar el moho de su hogar,

utilizar bórax y vinagre blanco destilado.

Para quitar barro y manchas en fibra de vidrio, plástico o equipo de deportes de aluminio,

utilizar una pasta hecha de 1 parte de vinagre blanco destilado con 3 partes de bicarbonato de sodio. Después limpiar con agua jabonosa y enjuagar con agua.

Antes de pintar hormigón viejo,

limpiar con vinagre blanco destilado. Dejar que se seque al aire.

Para desinfectar los filtros del acondicionador de aire o el humidificador,
colocarlos en un balde lleno de partes iguales de vinagre blanco destilado y agua caliente. Dejar en remojo durante una hora, luego dejar secar.

Para limpiar pinceles endurecidos,
dejar en remojo en vinagre blanco destilado durante 1 hora y luego llevar a ebullición. Hervir a fuego lento, luego enjuagar.

Para eliminar la hierba de la cortadora de césped,
frotar con un paño empapado en vinagre blanco destilado.

Para avivar los pisos de ladrillo sin arruinar el esmalte,
pasarles un paño húmedo sumergido en 1 taza de vinagre blanco mezclado con 4 litros de agua tibia.

Para quitar la película que se forma sobre los muebles de madera para el exterior,
pasarles una esponja con una solución de 1/2 taza de amoniaco, 1/4 taza de vinagre blanco y 2 cucharadas de bicarbonato de sodio mezclado en 2 litros de agua.

En el jardín

Las azaleas, los rododendros, las hortensias y gardenias prefieren una tierra más acídica. Darles un poco de ayuda y poner en el agua de riego una solución de vinagre blanco destilado de vez en cuando - 1/4 taza de vinagre blanco destilado por cada litro de agua.

Para examina la tierra de tu jardín,
poner un poco de tierra en un recipiente y verter aproximadamente 1/2 taza de vinagre blanco destilado en él. Si burbujea, es demasiado alcalina. Sólo tienes que añadir turba o azufre para lograr que el pH sea más neutral.

Para neutralizar la cal y aumentar la acidez de la tierra,
agregar vinagre blanco destilado en la regadera o a la zona.

Para terminar con las malas hierbas o maleza del jardín,
rociar con vinagre blanco destilado.

Para desinfectar los muebles de jardín, los de picnic o de plástico para el aire libre,
utilizar un paño empapado en vinagre blanco destilado.

Para mantener frescas las flores cortadas,
mezclar 2 cucharadas de vinagre de manzana y 2 cucharadas de azúcar al agua del jarrón antes de añadir las flores. Asegurarse de cambiar el agua cada tres días para mejorar la longevidad de tus flores.

Para eliminar el óxido en espitas, herramientas, tornillos o pernos,
remojar los artículos durante la noche o durante varios días en vinagre blanco destilado sin diluir.

Para quitar las manchas y residuos de minerales blancos en masetas de barro y de plástico,
sumergirlos durante una hora o más en un fregadero lleno de una solución de mitad agua y mitad vinagre blanco destilado.

El coche

Para darle al coche más brillo,
añadir unas gotas de vinagre blanco destilado al balde de agua.

Para lustrar el cromo del coche,
pasar un paño empapado con vinagre blanco destilado.

Para darle más brillo a la tapicería de cuero,
limpiar con vinagre blanco destilado caliente y enjuague con agua jabonosa.

Para limpiar la tapicería de vinilo,
utilizar una mezcla de partes iguales de vinagre blanco destilado y agua.

Para aflojar el chicle pegado a la alfombra o la tapicería,
sumergirlo en vinagre blanco destilado.

Para que sea más fácil quitar los pernos oxidados y tornillos,
remojar primero con vinagre blanco destilado

Para eliminar la suciedad y las manchas de las alfombras del coche,
utilizar una mezcla de vinagre blanco destilado y agua en partes iguales.

Para quitar en invierno los residuos de la sal de carretera sobre las alfombra del coche,
rociar con una mezcla de partes iguales de vinagre blanco destilado y agua, luego secar con una toalla suave.

Para eliminar el olor a vómito del coche,
dejar un bol de vinagre blanco destilado durante la noche en el suelo. También se puede frotar el área con vinagre blanco destilado y dejar que se seque. Al día siguiente, espolvorear con bicarbonato de sodio y luego limpiar.

Para limpiar los parabrisas,
frotarlos con un paño empapado en vinagre blanco destilado.

Para quitar etiquetas o pegatinas,
cubrirlos con un paño empapado en vinagre blanco destilado, o rociar varias veces con vinagre blanco destilado. Deben desprenderse en un par de horas.

Para mantener los cristales del coche libre de heladas durante la noche en invierno,
recubrir con una solución de 3 partes de vinagre blanco destilado a 1 parte de agua.

Para eliminar la película opaca que se acumula en el interior de los cristales,
pulverizar con vinagre destilado blanco.

Para evitar que el parabrisas del coche se empañe,
rociarlo con espuma para afeitar y luego frotar hasta que haya desaparecido. La película que se forma evitará que se empañe y tendrás visión perfecta.

Las mascotas

Para alejar las mascotas de peligro,
frotar los cables eléctricos con vinagre de manzana.

Para terminar con las pulgas en tu mascota,
enjuagar tu mascota con vinagre de manzana después del baño.

Para que tu perro no se rasque excesivamente las orejas,
limpiarlas regularmente con un paño suave humedecido en vinagre blanco destilado sin diluir. No aplicar si hay cortes.

Para que el pelo de tu perro (para caballos también) luzca reluciente,
rociar o frotarle con una solución de 1 taza de vinagre blanco destilado en 1 litro de agua.

Para limpiar la suciedad del mascota y eliminar los olores,
limpiar el área con una solución de agua con vinagre blanco destilado. Luego espolvorear con bicarbonato de sodio. Dejar reposar durante la noche. Al día siguiente aspirar el residuo.

Para eliminar los olores de la bandeja sanitaria del gato,
cuando lo lavas, echar 1 cm de vinagre blanco destilado en la caja de arena vacía. Dejar reposar durante 20 minutos luego enjuague con agua fría.

Para eliminar las manchas de agua y los residuos que se forman en los acuarios y peceras de paño,
limpiar con vinagre blanco destilado y luego enjuagar bien. Para los depósitos difíciles, dejar en remojo durante varias horas o toda la noche.

MANCHAS
Y CÓMO QUITARLAS

Para eliminar las manchas de traspiración,
dejar en remojo en partes iguales de amoníaco y detergente. Luego lavar como de costumbre.

Para quitar las manchas de los cuellos de camisa,
tomar un pincel y pinta el cuello con champú – éste disuelve los aceites corporales.

Para quitar las manchas de rotulador sobre la mesa o el suelo,
utiliza la pasta de dientes.

Para eliminar las manchas de óxido de la bañera,
usar pomelo con sal.

Usar el vinagre para quitar las siguientes manchas:

Manchas de café o té,
empapar el área con vinagre, enjuagar y repetir si es necesario.

Manchas de vino,
saturar la mancha con vinagre y dejar reposar por unos minutos. Enjuagar con agua y repetir el proceso si es necesario. Lavar inmediatamente.

Manchas a base de azúcar, como refrescos o chocolate caliente,
verter vinagre sobre la prenda y dejar que repose un poco, luego lavar.

Manchas de agua y sal en los zapatos y botas,
limpiar con un paño empapado en una solución de partes iguales de vinagre blanco destilado y agua.

Manchas de grasa en la cocina,
remojar la mancha con vinagre.

Manchas de espaguetis, barbacoa o ketchup,
quitar con una solución de vinagre blanco destilado y agua.

Manchas de mostaza,
aplicar vinagre blanco destilado a la mancha antes de lavar.

Manchas de crayón en la ropa,
frotar con un viejo cepillo de dientes empapado en vinagre. Luego lavar como de costumbre.

Manchas y olor de transpiración, como también marcas de desodorantes en la ropa,
rociar con vinagre blanco destilado en las axilas y cuello antes de lavar.

Para blanquear los calcetines y repasadores,
poner a hervir en una cacerola con agua y 1 taza de vinagre blanco destilado. Después dejar que se enfríe durante la noche.

MICROONDAS

Para que se descongele parejo el alimento en el microondas,
dar vuelta varias veces y tener cuidado del tiempo justo para que no empiece la cocción. Dejar reposar unos 15 minutos antes de cocinar para que el calor se distribuya por dentro.

Para que la pizza te salga crocante en el microondas,
ponerla junto a un vaso de agua.

Para que el plato se caliente de forma parejo,
hacer un hueco en el medio de la comida.

MIEL

La miel natural consiste de 75% glucosa y fructosa, prácticamente no contiene sacarosa por eso es rico en muchas enzimas, ácidos orgánicos, micro-elementos y vitaminas.

La miel natural no tiene fecha de caducidad.

Al cocinar se puede sustituir el azúcar por miel que es mucho menos nocivo. Sustituye la mitad del azúcar que requiere la receta por miel, luego, si experimentas un poco puedes llegar a sustituir todo el azúcar en algunas recetas. Un pote de 340 g (12 oz) equivale a 1 taza.

Al sustituir el azúcar por miel en productos horneados,

- reduce los líquidos por ¼ taza por cada taza de miel que se emplea.
- Agregar ½ cucharadita de polvo de hornear por cada taza de miel usada.

- Reducir la temperatura del horno 4ºC (25ºF) para prevenir que se dore por demás.

La miel natural es líquida solamente los primeros dos meses,
luego siempre se cristaliza.

Cuando la miel se cristaliza,
no pierde ninguna de sus beneficiosas propiedades y además, es una señal de la buena calidad del producto y que no contiene agregados.

Si deseas que vuelva a su estado más líquido,
se puede derretir a baño María. Es mejor que la temperatura no exceda 40º C (104º F) para no destruir las sustancias nutritivas.

PAN

Para evitar que se reseque el pan, congelarlo. Cuando vayas a descongelarlo en el microondas, envolverlo ligeramente en una hoja de papel absorbente de cocina. No pierde su sabor y queda como recién horneado. Para que quede auténtico de verdad, usa el horno tradicional en lugar del microondas, y ponlo a funcionar 5 minutos antes de meter el pan.

Para aprovechar el pan del día anterior, guárdalo dentro de una bolsa y ponerlo en el refrigerador. De esa manera se puede recalentar en porciones que durarán hasta 5 días.

Si el pan empieza a endurecerse, colocar un poco de apio fresco en la bolsa y cerrar nuevamente.

Cómo guardar el pan:

Para mantener el pan fresco y sabroso es necesario prevenir que tenga contacto con el aire, y guardar en un lugar fresco y seco.

Para que el proceso de condensación no humedezca el pan,

esperar que se enfríe y no guardarlo caliente.

El pan se puede congelar por varios meses.

Envolver en papel aluminio. Descongelar cuando desees.

Un buen consejo:

No se recomienda guardar el pan en bolsa de plástico Para que la humedad del interior del pan se transfiera a la corteza y esta se ablande, mientras que el interior se endurece. Un buen lugar es el horno.

PAPAS

Las papas viejas necesitan ser hervidas durante más tiempo. Si vas a hacer un puré no usar un batidor. Los deja muy suave pero pierden su sabor.

Para hervir las papas en el microondas,
limpiar bien sin pelar. Colocar en un bol ancho con 1 1/2 cucharadas de agua. Tapar y cocinar a máxima temperatura hasta que estén suaves. Revolver una vez durante la cocción. Esperar 5 minutos antes de servir.

Para que las papas no se echen a perder,
no se deben guardar nunca al lado de las cebollas.

Para evitar que las papas broten,
almacenar junto a manzanas.

Para que el puré de papas tenga una buena textura y absorba más fácilmente la mantequilla y la crema, después de colarlas, volver a colocarlas en la cacerola, tapar y dejar que se cocinen al vapor por 5 minutos.

Para hacer papas fritas, usar las papas de carne amarilla.

Para hervir papas o asar al horno con la piel, usar papas nuevas.

Para unos chips con sabor a ajo, basta dejar un diente pelado de ajo durante unas horas en la bolsa de chips, luego desechar.

Para evitar que las papas peladas se oscurezcan antes de cocinar, cubrir con agua fría y una cucharada de vinagre.

Para mejorar el sabor de las papas viejas al hervirlas, agregar al agua una cucharadita de vinagre, 3 dientes de ajo y una hoja de laurel.

Para hacer un buen puré de papas:

- usar las papas de carne blanca harinosa.
- Colocar las papas en la cacerola y agregar suficiente agua fría (no agua caliente) para taparlas y sal. Luego empezar la cocción.
- Para que las papas absorban mejor la mantequilla y/o la crema, no agregar cuando se hayan sacado directamente del refrigerador. Es mejor que estén a temperatura de ambiente antes de mezclar con las papas.

Especias que hacen irresistibles las papas

- **Eneldo** - con papas salteadas o con papas hervidas con arvejas.

- **Perejil** – con ensalada de papas hervidas o agregar al terminar la cocción de un guiso de papas.

- **Romero** – con ajo y papas asadas con cerveza o agua.

- **Pimienta negra** – sopas o guisos de papas.

- **Orégano** – en guiso con papas, aceite y pimiento rojo.

- **Comino** – en guisos de papas con pollo.

- **Menta** – en platos con cordero y papas.

Otros trucos útiles con las papas

Si llegas a salar la sopa por demás, echar una papa pelada. Esta absorberá el exceso de sal.

Si una bombilla se rompe cuando estás tratando de cambiarla, desconectar la electricidad, cortar una papa por la mitad y presionar en el tallo roto. Gira y el resto de la bombilla debe desenroscar.

Para mejorar el aspecto de zapatos desgastados, frota los zapatos con una papa cruda pelada. El almidón de la papa forma una base para luego pasar betún y lustrar.

Para limpiar los anteojos de lectura o de sol,
la papa cruda es ideal. Aplicar a los anteojos y luego pasar un paño suave.

Para sacar las manchas de comida de los dedos,
cortar una papa cruda y frotar sobre las manchas, luego enjuagar.

PASTA

Cocinar la pasta 1 minuto menos según las indicaciones del paquete. Terminar la cocción en la cacerola junto con la salsa.

Para que la pasta no se pegue,
cocinar en 1 litro de agua por cada 100g de pasta.

Después de hervir pasta o papas,
dejar enfriar el agua y usarlo para regar las plantas del hogar. Esta agua contiene nutrientes que favorecen a tus plantas.

Para evitar que la salsa se pegue a la pasta cocida,
no usar aceite en el agua al hervir pasta.

Para que la pasta no esté tan pegajosa,
agregar una cucharada de vinagre blanco destilado al agua de cocción.

Para cocinar la pasta correctamente

- Las mejores pastas están hechos de trigo duro. Las de baja calidad terminan pegajosas después de la cocción. Al comprar, prestar atención a las etiquetas.

- Utilizar siempre un recipiente grande. Recuerde que se necesitan 9 1/3 tazas (2,25 L) de agua para 225 g de pasta. Añadir 1 cucharada de sal.

- Una vez que esté hirviendo echar los macarrones, remover sólo una vez para separar las piezas. No es necesario tapar el recipiente.

- Controlar el tiempo. Pastas de alta calidad están listas de entre 8 a 12 min. Pero el tiempo de cocción depende de la forma y la calidad de la pasta. Por lo tanto, la única manera segura de comprobar si la pasta está lista es probándola.

- Colar. Primero, enjuagar el colador con agua caliente para prepararlo para el drenaje de la pasta. Dejar un poco de líquido en la parte inferior del recipiente, para evitar que los macarrones se peguen.

Un buen consejo:
Después de colar la pasta y mientras aún esté caliente, espolvorear pan rallado por encima de la pasta antes de echarle la salsa. De esta manera la salsa tiene donde adherirse.

PESCADO

No tengas miedo de decirle al pescadero que quieres ver los productos de cerca y oler la frescura. El pescado nunca debe tener olor fuerte a pescado. Cocinar con pescado fresco hace una gran diferencia.

Para que no se quiebre la lubina al cocinar al vapor,
por ser de carne frágil, colocarlo sobre algunas algas o tallos de hinojo que también aromatizan el pescado.

Para obtener más jugosidad y mejor sabor del pescado,
siempre que sea posible, cocinar el pescado por entero. El esqueleto también provee un caldo fantástico, lo que te ayuda a proporcionar la base para una nueva comida.

Para que el pescado quede más tierno,
dejarlo marinar en una mezcla de leche y yogur

Para evitar que el pescado quede sin sazonar en algunas partes o se sazone demasiado en otras,
es importante sazonar parejo con sal y pimiento como si cayera 'nieve'.

Para eliminar cierto sabor al freír pescado,
colocar una papa en el aceite.

Para retener los nutrientes y el sabor del pescado,
hervirlo en leche o en un caldo hecho de vino. Este modo es bajo en calorías.

Para conseguir que la piel del pescado salga crujiente,
dejar el pescado sobre toallas de papel con el lado de la piel hacia abajo durante unos minutos antes de cocinar (las toallas absorben la humedad). Luego saltear, con la piel hacia abajo, a fuego medio en el aceite o mantequilla. Dar vuelta en los últimos minutos de cocción.

Para enriquecer el aroma del pescado,
utiliza un poco de mostaza. Agregar al último.

Para absorber el olor cuando cocinas salmón o cocinas algo de olor fuerte,
colocar al lado de la hornalla un pequeño bol de vinagre. Otra manera es: poner un poco de vinagre a calentar sobre fuego bajo después de haber cocinado el pescado. Al evaporar el vinagre, eliminará los olores.

Si quieres agregar sabor al pescado,
añadir al plato unos pocos toques de vinagre de manzana o vinagre de malta.

Para quitar las escamas con más facilidad,
frotar primero el pescado con vinagre.

Para desalar fácilmente las anchoas,
enjuagar en agua fría y después sumergir en vinagre de vino durante unos 10 minutos.

Para limpiar bien las almejas y conseguir unas almejas sin arena,
lavarlas en agua con abundante sal durante varias horas.

Antes de cocinar los mejillones o almejas,
remojar en agua con unas cucharadas de harina durante 30 minutos. A medida que se abren a ingerir la harina, van a expulsar cualquier arena o arenilla que contengan.

Un buen consejo:
Sazonar el pescado con 'sencillez' y cocinar con 'respeto'. El sabor del pescado es lo esencial. Al terminar su cocción echarle unas gotas de limón fresco. Siempre. Es increíble el sabor que tiene el pescado con limón.

PIZZA

La masa perfecta para la pizza no debe tener más de 2 cms de grosor en los bordes.

Para que la masa sea jugosa y que absorbe la salsa,
no debe ser estirada con un rodillo mas bien con las manos hasta que sea redonda y delgada. Dejar que repose antes de hornear.

Para recalentar una pizza,
no lo pongas en el microondas ya que sale húmeda, sino colocar en una sartén antiadherente y calentar a fuego bajo. De esa manera la masa queda crocante.

POLLO

Para un sabor más intenso, a la hora de comprar un pollo,
no elijas uno congelado. Y mira el color de la piel – debe ser un amarillo claro con un toque de rosa.

Para asar un pollo,
elegirlo graso.

Para guisar un pollo en cazuela,
elegir menos graso. Para resaltar el aroma de la carne de pollo, introduce un diente de ajo sin pelar.

Para evitar que se queme el pollo al horno,
utilizar una fuente de cerámica porque se caliente gradualmente y parejo.

Para obtener más jugosidad y mejor sabor,

siempre que sea posible, cocinar el pollo por entero. El esqueleto también provee un caldo fantástico, lo que te ayuda a proporcionar la base para una nueva comida.

Para obtener una piel crocante al asar un pollo entero,

primero salar, luego dejar en el refrigerador destapado durante un día. Sacar del refrigerador una hora antes de poner al horno y agregar hierbas y plantas aromáticas como el ajo y cebolla.

Para que el pollo al horno tenga la piel crocante y la carne jugosa y no tienes tiempo de ponerlo en salmuera,

salar el pollo abundantemente (por dentro y por fuera) alrededor de una hora antes de cocinar. Después secar con una toalla de papel y asar. Otra opción es: untar el pollo con crema o miel 10 minutos antes que esté listo.

Para evitar que se seque la pechuga al asar un pollo al horno,

(porque las patas necesitan más tiempo para cocinar), separar la pechuga de la pata, sazonar y asar, pero sacar la pechuga del horno antes.

Para saber si el pollo al horno está listo,

pincha con un palillo y si el jugo que sale es transparente, está listo. No dejar en el horno para que no se seque.

Un buen consejo:
Después de cocinar un pollo para luego desmenuzar para cazuelas, dejarlo enfriar en el caldo antes de cortarlo y tendrás el doble de sabor.

QUESO

- Nunca tirar la cáscara de un trozo de queso. Echarlo en la cacerola de la sopa, frijoles o chiles para darle más sabor. Antes de servir, sacar y desechar.

- Guardar el queso en un cajón dentro del refrigerador. Evitar el almacenamiento en la puerta, donde es vulnerable a los cambios de temperatura.

- Envolver los quesos duros en papel encerado, y luego almacenarlos en una bolsa de plástico con cierre hermético para preservar la calidad.

- Si moho azul o verde ha aparecido a los quesos semiduros o duros, recortar de ½ a 1 cm por debajo del molde. El resto es excelente para su uso. Incluso el queso que se ha puesto seco y duro es bueno para utilizar: se lo ralla.

- Cortar los quesos blandos con cuidado. Usar hilo dental sin sabor o un cortador de queso con un alambre para cortar quesos delicados y suaves.

Para rallar más fácil los quesos blandos, congelar durante 10 a 15 minutos antes.

Para darle un sabor suculento a los caldos de carne o verdura, agregar algunas cortezas de queso.

Para que el queso ya abierto se mantenga fresca más tiempo y no se ponga mohoso, guardar los trozos en papel aluminio.

Para evitar que se seque el queso, úntalo con mantequilla.

Para que un plato gratinado quede más crujiente, agregar pan rallado al queso rallado y mezclar juntos.

Un buen consejo:
El queso parmesano es mejor comprar en trozo y rallarlo uno mismo y no comprarlo rallado.

REPOSTERÍA

Para facilitar el proceso de la preparación,
siempre medir la cantidad correcta de todos los ingredientes de la receta antes de empezar. No hay atajos en la pastelería. Es una ciencia.

En la preparación de una torta,
siempre mezclar la masa en la misma dirección y no con cuchara de metal.

Al añadir el resto de los ingredientes y líquidos,
deben estar a temperatura ambiente. Los huevos no deben ser batidos inmediatamente después de sacar de la nevera, sino dejar por un corto tiempo a temperatura ambiente.

Para lograr hacer una buena masa

- La forma en que se baten los huevos es extremadamente importante. Se deben separar las yemas de las claras.

- Batir las claras con una batidora por 1 a 2 minutos junto con las 3/4 partes del azúcar, hasta que aparecen formas como floretes. Se debe endurecer hasta el punto que no se caería si se invierte el recipiente.

- Batir las yemas con la 1/4 parte restante del azúcar, hasta que, igual que con las claras, floretes comienzan a formarse dentro de la mezcla.

- Unir las claras y las yemas poco a poco, sin usar la batidora y mezclando siempre en la misma dirección.

Para una masa con corteza delicada, al freírla,
agrega ½ a 1 cucharadita de bicarbonato de sodio.

Para mejorar el sabor al preparar las tortas o pan,
agrega las especias en polvo en el momento de batir la mantequilla con el azúcar, en lugar de agregarlos junto con los otros ingredientes secos. La grasa de la mantequilla ayuda a esparcir los sabores de las especias y da un sabor más intenso.

Trucos de repostería

Para que cualquier torta de chocolate sea más esponjoso y más sabrosa,
(sea casera o ya preparado en caja) agregar a la mezcla una cucharada de vinagre blanco destilado. Luego hornear como de costumbre.

Para lograr que los panqueques salgan bien dorados,
añadir 1 cucharadita de melaza a la masa. Lo cambia todo.

Para que la masa de los buñuelos quede más ligera y no tan pesada,
añadir un poco de cerveza a la mezcla. Medio vaso será suficiente cuando lo hagas para cuatro personas. También puedes suavizarla incorporando en el último momento unas cucharadas de clara de huevo montadas a punto de nieve.

Al hornear,
es importante pre-calentar el horno unos 10 a 15 minutos antes de comenzar a hornear.

Para hornear,
es sumamente importante que todos los recipientes usados estén bien secos. El recipiente para hornear debe ser rociado con aceite y después enharinado. Colocar en el medio del horno.

Para engrasar las bandejas de hornear,
no usar manteca o margarina para evitar que se quemen. Otro método es usar papel de pergamino de cocina (que resulta más práctico a la hora de lavar).

Si la tarta comienza a quemarse,
cuando aún por dentro está crudo, tapar con papel aluminio, sin presionar los costados para que pueda levantar.

Al sacar del horno,
dejar que se enfríe para desmoldar mejor.

Al hornear galletas,
es mejor hacerlo una bandeja a la vez y ponerla en el centro del horno. Si utilizas dos bandejas, cambiarlas de lugar en la mitad de la cocción. Dejar que las bandejas se enfríen antes de poner otra tanda para evitar que la masa se extienda y se achate y, además, que se cocine demasiado en los bordes.

Para evitar un dorado excesivo al hornear,
no se recomienda utilizar las bandejas oscuras. Las mejores bandejas son muy planas con un borde bajito.

Para evitar que las galletas se quemen,
no dejar espacios grandes vacíos. En una misma tanda hornear galletas del mismo tamaño y forma. Colocar en hileras a distancia uniforme.

Para evitar que las galletas se rompan,
no quitar de la bandeja antes que se hayan enfriado un poco. Quitar cuando estén suficientemente firmes. No dejar que se enfríen en la bandeja porque allí se siguen cocinando.

Para desmoldar un bizcocho,
al sacarlo del horno, y que no se estropee, primero debes despegarlo bien del molde con un cuchillo mientras esté caliente y, después, cuando el bizcocho esté frío, desmoldarlo sobre un plato.

Para que la masa resulte más tierna y hojaldrada al hacer tartas, scones o galletas,

congelar la mantequilla y luego rallarla sobre los ingredientes secos. No tendrás necesidad de tocar tanto la masa.

Para recalentar galletas, scones o panqueques que han estado en el refrigerador,

colocar en el microondas con un vaso de agua para que no se sequen.

Para evitar que las pasas en un pastel o budín se vayan al fondo,

éstas de deben enharinar previamente o poner en remojo en agua fría, o licor, según la receta.

Para tener a mano fácilmente unos snacks para la merienda,

congelar las galletas enfriadas en dos bolsas de plástico bien cerradas. Para descongelar, sacar del envoltorio y dejar sobre una rejilla de 15 a 30 minutos. Guardar los que no se consumen en un recipiente con tapa firme.

Si la receta requiere azúcar impalpable y te das cuenta que no tienes,

puedes conseguirlo fácilmente moliendo unas cucharadas de azúcar normal en un molinillo.

Para hacer caramelo y que tengas menos trabajo a la hora de limpiar la cacerola,

utilizar una cacerola anti-adherente.

Para cortar una torta horizontalmente para poder aplicar un relleno,

primero dejar enfriar sobre una rejilla, luego con un cuchillo hacer una incisión horizontal haciendo rotar la torta hasta llegar al principio.

Otro método: con un hilo fuerte y tomado de las dos puntas, llevar el hilo de un lado al otro de la torta, asegurando que las dos partes se hayan separadas.

Para evitar que la cobertura sobre la torta se cristalice,

agregar un poco de sal a la cobertura.

Para servir una torta después de hornear,

hacerlo una vez que la torta se haya enfriado a temperatura de ambiente. Cortar justo antes de consumir para evitar que se seque.

Un buen consejo:
No guardar las galletas hasta que no estén completamente enfriados. Guardar en recipientes con tapa. No guardar juntos las galletas crocantes con las blandas porque las crocantes se ablandarán.

Tintes y colorantes en la repostería

A pesar de que no son perjudiciales para la salud, algunos de los colorantes de repostería que se venden en las tiendas contienen sustancias que no son naturales.

Si prefieres usar sólo los que es natural puedes usar estos alimentos para lograr ciertos colores:

- **Verde** – al hervir espinaca.

- **Marrón** – con canela, cacao en polvo, chocolate rallado o café instantáneo.

- **Gris** – usar semillas de amapolas.

- **Rojo o rosa** – hervir remolacha o usarla crudo y rallado.

- **Melocotón** – usar un poco de curry o pimentón.

- **Naranja** – usar calabaza.

- **Amarillo o naranja claro** – usar zanahorias.

- **Dorado** – usar un poco de azafrán.

- **Blanco** – usar crema y azúcar impalpable.

Un buen consejo:
Invierte en papel de pergamino para forrar las bandejas y moldes para hornear. De esta manera es facilísimo desmoldar lo horneado y además no queda nada para lavar.

SAL

La especia de cocina más común es la sal. Pero también hay que saber cómo usarlo adecuadamente.

Se agrega la sal al comienzo de la cocción,
Sólo en dos casos:

- al cocinar macarrones, espaguetis y productos similares, o
- al cocinar sopa de pescado o pescado solo.

Se agrega la sal después de la cocción,
en todos los demás casos; se añade la sal **después** de que haya hervido.

Hacer tu propia sal de apio y ahorra tu dinero,
seca bien las hojas, moler a polvo, pasar por un colador y mezclar con sal.

Para mejores resultados cuando bates las claras de huevo o crema,
agregar una pizca de sal.

Si se derrama alguna comida cuando cocinas en el horno,
echar sal encima. No habrá olor feo y será mucho más sencillo limpiar cuando se enfríe el horno.

Para eliminar las marcas que dejan los vasos o cacerolas calientes sobre la mesa de madera,
frota suavemente con una mezcla de sal con aceite vegetal.

Para evitar que la ropa se congele en el invierno al secarla al aire libre,
agrega sal al enjuague final.

Salar por demás

Si has agregado demasiada sal a alguna receta,
añadir una cucharada de vinagre blanco destilado y azúcar para corregir el sabor.

Si has salado la carne por demás,
agregar una salsa de mantequilla inmediatamente para absorber la sal, porque la mayoría está en la periferia.

Si salas el pescado por demás,
servir con puré de papas sin sal. O hervir algunas hierbas con el pescado para que absorba la sal.

Si salas las verduras por demás,
solo puedes agregar la misma cantidad de verduras sin sal y luego juntar y hacer puré.

Si salas por demás los champiñones,
agregar un poco de agua con jugo de limón.

Si has salado la sopa por demás,
sólo hace falta agregar alguna pasta, arroz o papas.

SALSAS Y ADEREZOS

Para darle un toque diferente a tu salsa blanca,
agrega ½ cucharada de vinagre blanco destilado.

Para conseguir una salsa de carne sin grumos,
agregar una pizca de sal (nada más) al agua antes de mezclar la salsa.

Para una salsa para los spaguetti con sabor diferente o para la ensalada de atún,
agregar una pizca o dos de curry.

Para que la salsa tenga más cuerpo y sea más cremosa,
justo antes de colar la pasta, sacar un ¼ o 1/3 de taza del agua de cocción y añadirlo a la salsa de tu elección. Esto ayuda a que se amalgame la salsa, pues el almidón en el

agua añade cuerpo y una especie de cremosidad. Este truco hace toda la diferencia.

Cuando usas mostaza en la salsa,
añadirlo al final ya que no soporta la ebullición.

Dale un toque especial a cualquier salsa,
con una cucharadita de vinagre de vino tinto o blanco.

Para una salsa de pasta cremosa que no requiere mucha mantequilla ni queso,
echar a la pasta caliente un huevo batido a temperatura de ambiente y un poco del agua de la cocción y revolver con fuerza.

Para darle más sabor a tu salsa casera,
agregar aderezo italiano ligero. Para tres tazas de salsa agregar ¼ taza de aderezo.

Para que la salsa de alioli sea más suave y no lo repitas,
retira el germen de color verdoso que tiene cada diente de ajo en el centro.

Para aprovechar la salsa que sobra,
congelar las sobras aunque sea una pequeña cantidad. Cuando tengas varias salsas guardadas, aunque sean diferentes, puedes juntarlas y hacer un estofado sin gastar en otros ingredientes.

Para conseguir que los aderezos cremosos sean más saludables,
sustituir la mitad de la mayonesa por yogur estilo griego.

Para hacer una vinagreta cremosa,
añadir crema a una mezcla de 1 parte vinagre blanco

destilado a 3 partes de aceite.

Para hacer un aderezo básico a la vinagreta,
utilizar 1 parte vinagre blanco destilado con 4 partes de aceite.

Para una sabrosa alternativa a aderezos, salsas y adobos,
sustituir el vinagre balsámico con vinagre de manzana.

Para hacer una vinagreta de inspiración asiática,
mezclar vinagre de vino blanco con azúcar y jengibre fresco picado.

Para facilitarte a la hora de servir varias salsas o condimentos,
colocarlos en una bandeja de hornear los cupcakes o pequeñas tortas.

SOPA

Una buena sopa se elabora con un día de antelación. Guardar en el refrigerador durante la noche luego calentar lentamente y todos los sabores se mezclan maravillosamente.

Para una sopa de verduras perfecta,
empieza con cubitos de zanahorias, cebollas, pimientos y tomates salteados en aceite o mantequilla antes de agregar el líquido. Esto resalta el sabor y carameliza los azúcares.

Para una sopa rápida,
congelar previamente una mezcla de verduras juntas así ya están listas para usar. Las verduras congeladas se cocinan mucho más rápido que las crudas.

Dale un toque especial a cualquier sopa,
con una cucharadita de vinagre de vino tinto o blanco.

Para probar la sopa durante su cocción,
sacar con una cuchara desde el medio y no de la superficie y no probar hasta que se haya enfriado un poco.

Para evitar que la sopa tenga un sabor amargo,
retirar la hoja de laurel antes de terminar la cocción.

Para una sopa espesa que llena pero sin lácteos,
añadir un poco de crema de anacardo. Es delicioso y fácil de hacer: Remojar una taza de anacardos crudos en agua durante seis a ocho horas, escurrir y enjuagar, luego triturar con 3/4 de taza de agua hasta que quede suave.

Cómo espesar una sopa

Normalmente pueden surgir dos problemas al hacer una sopa: o es demasiado aguado o demasiado espesa. Lo bueno es que hay una solución a las dos inconveniencias.

Si la sopa resultó demasiado espesa,
echar más caldo y seguir el hervor.

Si la sopa resultó demasiado aguada,
hay varias soluciones.

- Batir un huevo y 2 o 3 gotas de limón. Cuando la sopa se haya enfriado un poco, echa un poco al huevo batido y revolver bien y luego volver a la cacerola.

- Mezclar 1 a 2 cucharadas de fécula de maíz en un poco de agua fría y agregar a la sopa en hervor y revolver. Si usas una cucharada de harina, revolver bien para que no se agrume.

- Agregar unas papas y zanahorias cortadas o enteras. Una vez hervidas puedes pisar y regresar a la sopa.

- Espesar con un huevo y yogur o leche

Un buen consejo:
Licuar lo que sobra de un sopa (menos los huesos) para obtener una salsa excelente para verduras o carne.

VERDURAS

Las verduras que contienen más azúcar, como las espinas y los espárragos, son los que más tiempo se conservan.

Lavar las verduras justo antes de utilizar, no antes.

No se debe usar bicarbonato de sodio para mantener el color de las verduras ya que destruye la vitamina C.

Para cortar las verduras,
usar siempre un cuchillo afilado. No conviene cortar sobre mármol ya que los cuchillos se desafilan.

Para desinfectar la tabla de cortar de madera,
(que retiene muchas bacterias) usar vinagre antes de cortar los alimentos.

Para lavar la lechuga y la espinaca,
no se puede lavar bien bajo el chorro de agua solamente.

Lo mejor es dividirlo en hojas separadas, sumergir en un recipiente hondo con agua con un poco de vinagre o bicarbonato de sodio. Dejar en remojo unos minutos y luego enjuagar bajo el agua corriente.

Para lavar las berenjenas,
quitar el tallo y parte rígida de abajo. Lavar bien, cortar en trozos del espesor deseado, y espolvorear con sal. Después de una hora, exprimir y desechar el jugo, que contiene solanina, la sustancia nociva.

Para que las verduras no pierdan sus nutrientes, al cocinarlos,
no se deben poner en agua fría sino una vez que el agua esté hirviendo.

Si cocinas verduras frescas,
no salar durante la cocción sino una vez que están servidas.

Si hierves verduras,
no tires el agua de cocción ya que se puede utilizar para hacer salsas o sopas y así no desperdiciar los nutrientes del agua.

Para que las verduras no pierdan parte de sus nutrientes al hervir,
no excederse en el tiempo de cocción.

Para preservar los minerales y las vitaminas,
pelar las verduras lo más fino posible.

Para evitar que se oscurezcan las papas y las berenjenas,
poner en remojo después de cortar.

Para desinfectar la fruta y verdura,
ya que éstas están cubiertas de bacteria y

microorganismos que pueden causar enfermedades, utilizar vinagre para rociar los alimentos después de lavarlos. Usar una solución de 1 parte vinagre con 3 partes agua. Luego enjuagar con agua.

Para renovar las verduras marchitas, sumergirlas en agua fría con una o dos cucharadas de vinagre blanco destilado.

Para que el coliflor mantenga su color, agregar un poco de azúcar, o cáscara de limón o vinagre al agua de cocción.

Para evitar el olor al cocinar el coliflor, añade al agua una cucharada de vinagre.

Para raspar la mazorca de maíz y extraer la leche dulce que queda, después de cortar el maíz de la mazorca, usar la parte de atrás de un cuchillo (no el filo). Coloca el maíz en posición horizontal sobre un tablero para cortar los granos. Esta leche le da sabor y cuerpo a cualquier plato de maíz.

Para que los chiles no sean tan picantes, se deben quitar las semillas. Hacer cuatro cortes longitudinales por los costados, sin tocar el tallo y la vaina. El grupo de semillas quedan en el centro del chile. Luego, al quitar las 4 partes carnosas del chile, es fácil desechar las semillas y el tallo.

Para evitar quemaduras en las manos al trabajar con chiles, utilizar guantes (pueden ser guantes desechables). Los aceites de los chiles pueden quemar y doler mucho y el agua y jabón no ayuda mucho.

Para que los chiles verdes permanezcan frescos más tiempo, quitarles los tallos antes de guardar.

Para saltear las verduras de manera más sana y crocante, saltear en caldo en lugar de mantequilla o aceite. Consigues una verdura sazonada sin usar aceite calentado. Echar suficiente caldo para cubrir el fondo de la sartén y cocinar con la tapa hasta tierno.

Para que las setas no pierdan su sabor ni se ablanden, guardarlas en bolsas de cartón y no de plástico.

Para congelar los champiñones, lavar y secar, luego guardar en una bolsa de plástico y congelar, cortados en rebanadas, o no. Luego utilizar sin descongelar. En cualquier plato tendrán el mismo sabor que los champiñones frescos.

Para cortar el aguacate con mayor facilidad, cortarlo mientras aún está en la piel. Si no lo vas a consumir todo, no le quites la semilla para evitar que se ponga negro.

Para suavizar la amargura de verduras como la rúcula o la col rizada, dejarlos remojar en el refrigerador en un bol de agua helada durante una hora. Luego secar con una toalla de papel.

Para mantener las zanahorias frescos por más tiempo, cortarles la parte superior.

Para acelerar la maduración de los tomates,
colocarlos en una bolsa de papel con una manzana. No se deben refrigerar. Pueden permanecer a temperatura de ambiente durante 15 días.

Para que la temperatura baja del refrigerador no le quita el aroma y el sabor,
evitar guardar allí los tomates y los cítricos.

Para mantener fresca la lechuga o verdura de hoja en el refrigerador,
envolverlo en una toalla de papel de cocina, seca y limpia, y luego colocarlo en una bolsa de plástico cerrada. El papel absorbe la humedad que las hojas desprenden evitando así que éstas se marchiten.

Para mantener fresco el apio y el brócoli en el refrigerador,
envolver primero en papel de aluminio.

Para que las hojas de cilantro permanezcan frescos durante más tiempo,
guardar en una bolsa de muselina en el refrigerador.

Para mantenerlos frescos por mucho tiempo la fruta y verdura,
envolver en periódico antes de refrigerar.

Para que el guacamole se mantenga su color verde y su sabor al guardarlo en el refrigerador,
rociar con aceite (spray de cocina).

Para que el espárrago tenga mejor sabor,

cortar los tallos, pelarlos, pasarlos por azúcar y sal en partes iguales y dejarlos durante 10 minutos; después enjuagar y preparar como desees.

Para aromatizar las espinacas con ajo, pelar un diente y pincharlo con el tenedor. Al saltear las espinacas revolver las espinacas usando este tenedor con el ajo.

Un buen consejo:
Consumir la espinaca inmediatamente después de su preparación. No es bueno recalentarlo.

Para evitar que la alcachofa se ponga negra, echar un poco de jugo de limón en el agua de cocción.

Para pelar la remolacha con más facilidad, sumergir en agua helada inmediatamente después de su cocción.

Al cocinar los guisantes esterilizados, tomates, champiñones, etc, no tires el jugo. Contiene nutrientes valiosas y puede usarse para la preparación de sopas, salsas y platos.

Para conservar mejor:

- **Los tomates, pimientos y berenjenas frescos** se conservan mejor en una cesta, situado en una zona bien ventilada.

- **El ajo y la cebolla** se conservan mejor suspendidos en una red en un lugar seco y ventilado.

- Mantener las **papas** en una zona oscura y fresca.

- No se debe guardar las **verduras** junto con las **frutas** porque, ciertas frutas, especialmente las manzanas, liberan la hormona etileno, que acorta la vida útil de las verduras ya que hace que maduren más rápido.

Un buen consejo:
Las verduras, adecuadamente congelados, se conservan más tiempo en el congelador y tienen un sabor maravilloso y sus sustancias útiles se utilizan de manera óptima. La mayoría de las verduras se congelan después de ser escaldados.

VINO

El vino blanco,
va bien con las carnes blancas, pollo, pavo, pescado, mariscos, lechón y chorizos.

El vino rojo,
va bien con la carne roja y oscura – carne de res, cordero, cerdo, caza, conejo y pavo.

No se complementa bien con el vino,
el pescado azul, o pescado graso. Los cítricos tampoco se mezclan bien con el vino - esto es cierto de las naranjas, pomelos, mandarinas, limones y limas.

Si quieres agregar especias al vino,
el clavo de olor y la nuez moscada son los que complementan mejor.

Si el vino se desparrama sobre un mantel de algodón o lino,
secar todo lo que sea posible y luego cubrir con sal para evitar que la tela absorba el vino. Luego dejar el mantel en remojo en agua fría por 30 minutos antes de lavar.

Si te sobra algo de vino,
congelarlo en una bandeja para cubitos. De esa manera te será muy fácil agregarlo luego a sopas o salsas.

Estimado Lector

Nos interesa mucho tus comentarios y opiniones sobre esta obra. Por favor ayúdanos comentando sobre este libro. Puedes hacerlo dejando una reseña en la tienda donde lo has adquirido.

Puedes también escribirnos por correo electrónico a la dirección: info@editorialimagen.com

Si deseas más libros como éste puedes visitar el sitio de **Editorialimagen.com** para ver los nuevos títulos disponibles y aprovechar los descuentos y precios especiales que publicamos cada semana.

Allí mismo puedes contactarnos directamente si tienes dudas, preguntas o cualquier sugerencia. ¡Esperamos saber de ti!

Más Libros de Interés

Recetas de Pescado - Recetario de PESCADO Y SALSAS con sabor inglés

En la dieta inglesa es muy importante el pescado, y en este libro te ofrecemos algunas recetas populares y a la vez muy fáciles, de la cocina británica. En este libro de recetas se presentan diferentes maneras de cocinar el pescado, como así también tartas de pescado y salsas para acompañar el pescado.

Recetario de SOPAS con sabor inglés - Selección de recetas populares de la cocina británica

Por diversas razones, la sopa es un plato ideal dentro de la dieta de una familia. Es un plato saturado de proteínas y nutrientes, es muy fácil de elaborar y además, apetece a cualquier hora del día.

Las Más Fáciles Recetas de Postres Caseros

Esta selección contiene recetas prácticas que, paso a paso, enseñan a preparar los postres, marcando el tiempo que se empleará, el coste económico, las raciones y los ingredientes.

Recetas Mexicanas Tradicionales - Descubre las mejores recetas de cocina mexicana

En este libro encontrarás deliciosas recetas mexicanas de: carnes, pescados y mariscos, arroz, sopas, verduras, salsas, entradas, tortillas, ensaladas, postres, y dulces bebidas

Recetas de Carnes - Selección de las mejores recetas de la cocina británica

La carne es la protagonista en la mayoría de los platos de muchas culturas y naciones del mundo. Te ofrecemos más de 90 de las más populares recetas inglesas de diversas carnes que incluyen también aves y caza, tartas con carne, recetas de carne con gelatina, salsas para acompañar a las carnes y además, rellenos para las carnes.

Pizzas Caseras - Más de 50 recetas para hacer pizzas deliciosas en muy poco tiempo

Lo mejor de las pizzas es que son increíblemente fáciles de hacer, y también son muy baratas. Tal vez por eso es uno de los platos de comida más populares en el mundo.

Recetario de TORTAS con sabor Ingles

Si buscabas recetas de cocina británica este libro es para ti. El mismo contiene una selección de recetas de tortas con sabor inglés. Este recetario incluye 80 recetas para toda ocasión, las cuales van desde lo más sencillo hasta lo más especial, como por ejemplo, una boda.

Cupcakes, Galletas y Dulces Caseros: Las mejores recetas inglesas para toda ocasión

En este libro de recetas te ofrezco cerca de 100 de las más populares recetas inglesas con las cuales podrás sorprender a tu familia o tus invitados, ofreciendo un detalle sabroso que seguro apreciarán.

Recetas Vegetarianas Fáciles y Baratas - Más de 100 recetas vegetarianas saludables y exquisitas

Si buscabas recetas de cocina vegetariana este libro de recetas veganas es para ti. El mismo es un recetario que contiene una selección de recetas vegetarianas saludables y fáciles de preparar en poco tiempo. Este recetario incluye más de 100 recetas para toda ocasión, y contiene una serie de platos sin carnes ni pescados, con una variedad de recetas de Verduras,

www.ingramcontent.com/pod-product-compliance
Lightning Source LLC
LaVergne TN
LVHW011711060526
838200LV00051B/2857